班级活动管理丛书

主题班会活动设计
道德教育 卷

BANJI HUODONG GUANLI CONGSHU

班级管理是一个相互协作、彼此互动的过程，
也是一个动态发展、不断创新的过程。

本书编写组◎编

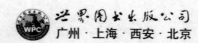

世界图书出版公司
广州·上海·西安·北京

图书在版编目（CIP）数据

主题班会活动设计. 道德教育卷 /《主题班会活动
设计》编写组编 . —广州：世界图书出版广东有限公司，
2010. 11（2021.11重印）

ISBN 978 - 7 - 5100 - 2992 - 9

Ⅰ . ①主… Ⅱ . ①主… Ⅲ . ①班会 - 中小学②品德教
育 - 中小学 - 教学参考资料 Ⅳ . ①G635. 5

中国版本图书馆 CIP 数据核字（2010）第 217511 号

书　　名	主题班会活动设计·道德教育卷
	ZHU TI BAN HUI HUO DONG SHE JI DAO DE JIAO YU JUAN
编　　者	《主题班会活动设计·道德教育卷》编写组
责任编辑	王　红
装帧设计	三棵树设计工作组
责任技编	刘上锦　余坤泽
出版发行	世界图书出版有限公司　世界图书出版广东有限公司
地　　址	广州市海珠区新港西路大江冲 25 号
邮　　编	510300
电　　话	020-84451969　84453623
网　　址	http://www.gdst.com.cn
邮　　箱	wpc_gdst@163.com
经　　销	新华书店
印　　刷	三河市人民印务有限公司
开　　本	787mm × 1092mm　1/16
印　　张	12
字　　数	160 千字
版　　次	2010 年 11 月第 1 版　2021 年11月第 3 次印刷
国际书号	ISBN　978-7-5100-2992-9
定　　价	38.80 元

序　言

　　班级是学校为实现一定的教育的目的，将年龄相同、文化程度大体相同的学生按一定的人数规模建立起来的教育组织。班级不仅是学生接受知识教育的资源、也是学生社会化的资源、学生进行自我教育的资源。整个学校教育功能的发挥主要是在班级活动中实现的，一个班级的集体意识主要是在班级活动中形成的，每位学生自身的潜能同时也可以借助各种各样的班级活动得到挖掘与施展。

　　班级管理是一种有目的、有计划、有步骤的社会活动，这一活动的根本目的是实现当代教育目标，使学生个体得到充分、全面的发展。它需要广大教师朋友们根据一定的目的要求，采用一定的手段措施，带领全班学生，对班级中的各种资源进行计划、组织、协调、控制。班级活动状况直接关系到学生的学习效果，间接影响到学生的生活情趣，同时它对评估教师的教学质量也有一定的影响。

　　班级管理是一个相互协作、彼此互动的过程，也是一个动态发展、不断创新的过程。因此，只有参与班级活动的各个成员积极拿出激情，教师的管理、班干部的协助与班级各成员主动配合，管理者与被管理者大胆尝试、开拓创新，班级活动才能顺利地开展，班级管理才能有效地实施。因此，如何搞好班级管理，开展什么样的班级活动，应该是值得每一位学校、每一位老师，尤其是班主任老师们仔细考虑的。

　　本套丛书以促进学生各项潜能全面、协调发展，促进教师的教学事业的开展为基本出发点，采用基本理论与具体案例相结合的编写形式，分板块、有层次地对班级活动管理进行了归纳与探讨。我们参考了广大教育工作者在班级活动管理中的经验，引述了与此相关的成体系的、并得到教育界普遍认可的理论，借鉴了各地区、各学校成功开展班级活动的优秀案例，理论与实践相结合，抽象与具体相结合，以期为教师朋友们提供一套班级活动行动指南，并在此基础上帮助教师朋友们做好教学工作、搞好班级管理。

其中，《班级活动与班级体教育》阐明了班级管理的专业地位，对班级的教育问题进行了探究；《班级活动的设计与实施》从宏观上介绍了种类繁多、形式各异的班级活动；《如何创造性地开展班级活动》探讨了在新的时代形势、新的教育背景下开展班级活动的创新之途；《优秀班集体的建设与维护》从微观上提出了积极建设优秀班集体，努力维护和谐班集体的观点与建议；《班级活动游戏宝典》专门性地对多种班级游戏做了归纳与分类，针对性地提出了关于班级游戏的参考意见；《主题班会活动设计》五卷则对班会这一最普通、最常见的班级活动进行了细致的划分与专题性探讨，在形式上统一采用"班会目的＋班会准备＋班会过程"的基本编写模式，异中趋同，同中有异。

这套丛书将有助于教师朋友们拓展视野、打开思路，但班级活动管理是否能落到实处，实施中能否得到理想的效果，还是要通过实践的尝试与检验的。诚然，在具体的实施过程中，不可避免还会出现意料之外的种种困难，这就需要我们的教师朋友们具体问题具体分析，在参照我们的理论建议与案例参考的同时，立足自己的实际情况，因时而异做出适当调整。

总而言之，班级活动管理是一项长期的、有意义的任务，在大力提倡素质教育的今天，它又是时代对新课程教育提出的新要求、新考验。虽然在实施的过程中会遇到接踵而至的困难，但我们相信，只要学校加强重视，教师不辍尝试，孩子们终会得到一次又一次有意义的班级活动的，这些未来的建设者们也会在这一次又一次的参与中锻炼能力、收获新知的。

前进路上，我们与你携手并进！

前　　言

　　苏联教育家苏霍姆林斯基说过："教育者在关心人的每一个方面、特征的完善的同时，任何时候也不要忽略人的所有各个方面和特征的和谐，都是由某种主导的、首要的东西所决定的。……在这个和谐里起决定作用的、主导的成分是道德。"

　　当前，在全球化和网络时代的大背景下，中国正面临着转型期带来的社会环境的巨大变革，中学生的思想具有不稳定性，在新旧体制、新旧观念、新旧道德混杂撞击、嬗变震荡的过程中，极易被纷繁复杂的外部环境所左右。而另一方面，我国目前的中学德育状态并不尽如人意：存在着"一手硬、一手软"的忽视德育工作的倾向；在教育观念上存在着陈旧、保守乃至落后的现象；德育课程停留在纸面上、德育活动停留在形式上、德育内容方式简单落后、德育观念的偏差与淡漠的现象；还有做表面文章、搞一阵风等形式主义的现象等。这使得我国中学德育工作收效甚微，与当今社会的发展和新形势的要求很不适应。所以，"教育为本，德育先行"，进一步加强学生的道德教育势在必行。

　　所谓德育，是指教育者按照一定社会或阶级的要求，有目的、有计划、有组织地对受教育者进行系统的影响，把一定的社会思想和道德原则转化为个体的思想意识和道德品质的教育。中学德育包括思想政治教育、品德教育、纪律和法制教育。在现阶段，我们可以将"八荣八耻"的社会主义荣辱观作为学校德育工作的长期机制。"八荣八耻"的社会主义荣辱观高度凝练了爱国主义、集体主义、社会主义思想的基本要求，体现了社会主义基本道德规范和社会风尚的本质特点，是中国传统美德和时代精神的完美结合，是科学的世界观、人生观和价值观的生动体现，在本质上与学校德育工作的目标、内容和要求是相统一的。

中学德育应渗透于一切教育活动之中，常规班会、主题班会、课堂教学、活动课、学科竞赛、劳动锻炼、社会调查、师生交谈等，都是对学生进行思想教育的渠道。其中，主题班会针对性强，感染力大，教育面广，灵活多变，是中小学德育的重要渠道，有助于规范学生言行，提高学生素质，促进学生的全面发展。要充分发挥主题班会的教育作用，应该注意以下几个方面：

（1）明确德育目标，选择合适的主题。

选好主题是开好班会的前提，主题的选择，一是要符合当前学生的心理需要，能引起学生兴趣；二是内容要丰富，具有扩展性、知识性、趣味性，适合学生用多种方式表达；三是要有深度，能够深化学生的认识，细细回味；四是要与学时俱进，关注社会、学校、班级及学生的情况，体现时代性与时间性。

（2）尊重学生的主体性，发挥教师的主导作用，加强对话，增进互动。

德育过程是教师价值引导和学生自主建构相互作用的过程，没有教师的价值引导，就不成其为德育过程，而是单纯的自我修养、自我教育；没有学生的自主建构，教师的价值引导也难以发挥作用。一个优秀的教师能充分调动学生的积极性，同样一个优秀的班集体也应该给它的老师以充分的肯定。师生之间互勉互励，调动各方的积极性，建立民主、平等的新型师生关系，共存、共生、共长、共创、共乐。

（3）采取灵活多样的方法和形式。

班会课的形式应随着时代的变化不断创新，坚持新颖性、创新性和教育性的统一。采取生动活泼、寓教于乐的方法，运用对话、朗诵、小品、讨论、辩论等灵活多样的方式；同时班会课应充分发挥多媒体的作用，营造切合主题的影音环境，渲染活动气氛，这将大大有利于调动学生的道德情感和积极参与活动的热情。

总之，老师应该充分利用主题班会这一载体，让它成为德育工作的沃土，使主题班会能够真正叩开学生的心门，触动学生的心灵，深入学生的心田。

目 录

一、自立篇

进入初中阶段的中学生正处于青春期阶段，开始有了强烈的独立意识，要求自主，但在遇到挫折和困难时，还是希望从父母那里获得帮助。特别是面对错综复杂的社会环境，由于认识问题、解决问题的能力有限，而对成人在某些方面产生依赖是正常的。但是从依赖走向自立是人生的必然，自立自强是青少年的必修课。

自立作为成长的过程，是生活能力的锻炼过程，也是养成良好道德品质的过程。在这个过程中，不断地完善自己，学会自尊，增强自信，提高法律意识；逐步学会理解和尊重他人，善于与他人沟通和交往，和谐相处；积极融入社会，关爱社会，奉献社会，成为一个对自己负责、对他人负责、对社会负责的能够自立自强的人。

以"自立"为主题的班会，其目的在于帮助中学生顺利完成"心理断乳"，在对自立自强有了初步认知和体验的基础上，让学生掌握自立的正确方法，帮助学生走自立之路。

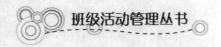

爱默生论自立

　　自立精神是造物主的属性，它构成了善举的标准，并逐步渗入低级的生命形式上。真实存在的万事万物都是借助自身包含的此种美德。商务、农牧、狩猎、战争、雄辩以及个人影响不论轻重，无论是代表存在的美行还是虚假的行为，都可唤起我的敬仰。行星的生成与成熟、旋转与轨道，狂风过后，弯曲的树木再度挺立，每一种动植物的生命力，这一切无不在展示那些自给自足，而且自立自强的生灵。

　　相信自己的思想，相信自己心灵深处真实的东西同样适用于大家——这便是天赋。

　　人应该学会去发现，去关注自己心灵深处划过的智慧微光，而不是诗人、圣贤天空中的绮丽虹彩。

　　妒忌是无知的表现，模仿无异于自杀，人必须能屈能伸，这才是命运。

　　一个人若能竭尽所能，全心投入，就能获得宽慰与愉悦，否则，他将永无宁日，无法从拯救中获得拯救。最终，他的天才会弃他而去，他会失去灵感的眷顾，失去创造力，失去希望。

　　要做真正的好汉就决不能做循规蹈矩的顺从者，而一定要深入探究，看它是否确实如此，再神圣的东西也比不上你刚正不阿的头脑，将自己解脱出来，回归自我，你定会赢得世人的认可。

　　我做的事情必须要与自己相关，而不是别人认为我应该做的，它是区分伟大与渺小的根本区别，伟人是身处喧嚣还能完全保留自己独居时的自立精神的那些人。摒弃你眼中的那些陈规陋习，因为它们会分散你的精力，浪费你的时间，模糊你的人格。去干属于自己的工作，就能树立自

己，一味的顺从无异于捉迷藏的游戏。

另一个使我们感到恐惧并让我们缺乏自信的因素是：我们总是遵循始终如一的原则，因为我们过去的行为是别人眼中判定我们为人处事的唯一根据，而我们不愿意带给他们失望。

没有谁可以违背自己的天性，意志的迸发源于自身的存在法则，个性最能体现人的意志，人们总以为外部行为会展示出自己的美德或恶行，殊不知美德与恶行本身每时每刻都在散发着气息。

尘世中，人们就像一个个酒鬼，不时地会清醒过来恢复理智，发现自己原本确是一个君子。

人们已经变得胆小怕事，唯唯诺诺，而不再是堂堂正正，他们没有胆量说出诸如"我认为"、"我就是"的话语，而只会一味引述圣贤。

人类总是在回忆，他们并非生活在现在，而总是回首往事，惋惜过去的岁月，要么便对身边的财富置之不理，踮起脚尖展望未来。他们只有超越时间，与大自然分享现在的每一刻，否则，便不会享有幸福与安康。

我们若能真实地生活，便能真切地观察，正如强者永远坚强，弱者总是懦弱。我们拥有了新知，就应该欣然丢弃那些封存的宝贵记忆，就像丢弃垃圾一样。如此，谁便能拥有如潺潺溪流，如婆娑谷田一样美妙的声音。

幸福来临之际，拥有自己生命之际，一切非同寻常，请不要去分辨他人的脚步，不要去注视他人的面孔，不要去刻意留意任何姓名，那些途径、思想或幸福必定是陌生的、全新的东西，它们排斥先例或经验。你是取道于人，而非人云亦云。

缺乏自我文化意识，使人迷信游历。人首先应当持家，而不要满怀期望，为找寻更加美好的事物驻足异邦。为消遣和猎奇而旅行的人脱离了自我，即便年纪轻轻，置身于古旧之物当中，也会变得苍老。他的意志与头脑都会像那古老的城市一样陈旧、坍塌，他等于将废墟带到了废墟。

坚持自我，切勿模仿。终身修行积蓄起来的力量，可以帮助你每一刻都能展示出自己的天才。然而，你若沿袭他人的才智，那只会暂时地、部分地占有它。

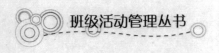

（一）史蒂芬·霍金：活着不仅仅是一个奇迹

他是我们常说的那种"身残志坚"的人，他的生活摇摆于两个极端：一端是明亮、愉快的公开面孔——奖章、名誉和赞美，另一端是黑暗、绝望的私下形象——瘫痪、焦虑和紧张。如果人的身体真如埃及古老宗教认为的那样是灵魂现世的居所，那么他的身体就是灵魂无法指挥的一个壳。他困居于这个坚硬的"果壳"中，却又在思想的王国里遨游，他就是史蒂芬·霍金。

史蒂芬·霍金出生于1942年1月8日的英国牛津。霍金的父母都是牛津大学的毕业生，他们对牛津和学术研究有着特殊的感情，对年幼的霍金也寄予厚望。霍金8岁的时候，他的父亲弗兰克把霍金送到教学质量相当出色的私立学校圣奥本斯读书。

在圣奥本斯，霍金始终是一个勤奋用功的学生。尽管霍金看上去瘦弱而笨拙，性格有些怪癖，说起话来快而不清，结结巴巴，含含糊糊，但是他相当聪明。霍金经常和一群同样聪明的小伙伴们沉溺于发明各种复杂的棋类游艺，制作飞机模型和电动器件，他们曾经将兴趣转向宗教和超感知觉，后来又被数学深深吸引。在圣奥本斯的最后两年，霍金数学方面的才能慢慢展现，他在数学作业上花的时间极少，但总是得到满分，当别人还在为解一道复杂的数学题而冥思苦想时，他已经知道答案了，仿佛他从来都不用想。

1959年，17岁的霍金没有辜负父亲的期望，他用优异的成绩如愿地接到了牛津大学的录取通知书，并获得了奖学金。

1962年，20岁的史蒂芬·霍金来到剑桥大学攻读博士学位，他选择了宇宙物理学方向。这个时候，他个人身体的危机也渐渐暴露出来，他隐隐约约感到行动有些不方便，腿脚不听指挥，说话也模糊不清。霍金的身体状况越来越糟，他去看了医生。坏消息传来了，霍金罹患十分罕见的肌萎缩性侧索硬化症（ALS）。ALS 很难治愈，患者因肌肉萎缩引起运动功能减退，全身瘫痪，丧失说话功能，吞咽和呼吸困难，最终导致窒息或引发肺炎而死。最可怕的是，在整个病程中，患者的思维能力、记忆能力和想象能力都不受影响，也没有任何疼痛感，只有精神上承受着巨大的压力，刚满 21 岁的霍金被命运无情地抛到死亡的边缘。

史蒂芬·霍金以顽强的毅力与病魔作斗争，他在爱人、家人、老师、同学和朋友们的帮助下艰难地向着博士学位的目标进发。在那一段日子里，霍金似乎忘记了死神的纠缠，终日埋头于自己的研究。与简·怀尔德订婚给霍金带来了生活的勇气。1965 年，23 岁的史蒂芬·霍金得偿夙愿，取得了剑桥大学博士学位，在剑桥大学获得了一个研究职位，并与简结婚。霍金继续与病魔抗争，同时在学术上积极进取。

1970 年，霍金因行动不便开始使用轮椅，从此被禁锢在轮椅之上。此后的 40 多年里，轮椅取代了他的身体除了大脑以外的大部分功能，但这台轮椅在大部分时间里被他不屈不挠的意志所控制。

1973 年，霍金的第一部著作《空时的大型结构》出版发行。

1974 年，霍金宣布发现了"黑洞辐射"；他成为英国皇家学会最年轻的会员。

1977 年，霍金被任命为剑桥大学引力物理学教授。

1979 年，霍金被任命为剑桥大学卢卡逊讲座教授——这是牛顿曾经担任过的职位；他的第二部著作《广义相对论述评：纪念爱因斯坦百年诞辰》出版发行。

1981 年，霍金在梵蒂冈召开的宇宙学大会上宣布"宇宙无边界"模型构想；他的第三部著作《超空间和超引力》出版。

1985 年，霍金因患肺炎进行了穿气管手术，此后，他丧失说话能力，只能依靠安装在轮椅上的一个小对话机和语言合成器与他人进行交谈，而看书必须依赖一种翻书页的机器。

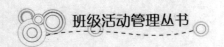

1988 年,《时间简史——从大爆炸到黑洞》出版发行;他因对量子宇宙论的发展作出的贡献而获得沃尔夫基金奖。

1989 年,霍金被授予大英帝国荣誉爵士称号。

1993 年,《"黑洞和婴儿宇宙"及其他论文》一书出版。

2002 年,霍金的《果壳中的宇宙》问世,并获得了"安万特科学图书奖"。

2004 年,霍金在爱尔兰首都都柏林参加国际广义相对论和万有引力大会,宣布他关于黑洞的新理论……

当·佩奇——霍金早期的博士生、物理教授——曾经讲过这样一个故事:那一年,他们住在莫斯科的一个饭店里,那里有一间小小的舞厅。霍金想找他们中的一些人去跳舞,但没人有这等勇气。后来,他们在出来的路上通过舞厅时,看到霍金独自在大厅里转动着他的轮椅"翩翩起舞"——真是一大奇景。

当·佩奇还说,一次,霍金作为皇家学会会员被邀请到伦敦,霍金喜欢旋转他的轮椅来炫耀。结果在他旋转时压到查理王子的脚趾头。

就是坐着这台轮椅,他乘热气球到过南极洲;他还环游了地球,再次证明了地球是圆的。在中国,他的轮椅两次登上了长城。据他的中国学生、《时间简史》的中文翻译者吴忠超介绍,1985 年,霍金造访北京时,北京的大学生把他抬上了长城,面对如此大好河山,他感慨:"宁愿死在长城,而不死在剑桥。"他甚至还想去西藏。

英国广播公司的《沙漠孤岛》节目的主持人苏·洛雷曾问霍金:"你的亲友有时称你为顽固或霸气的,你服气吗?"

他回答:"我只要和其他人一样地对自己的生活有同等程度的控制权。"

如果褪去一切光环,史蒂芬·霍金是个怎样的人呢?他有坚守的事业,并从中获得乐趣;他有充足的财产和良好的社会地位;他有父母、妻子和子女;他曾与人真心相爱,也曾有过离异的经历;有人仰慕他,也有人怨恨他……这个在人们眼中处处伟大的人其实也很平常。尽管被人们称为"当今的爱因斯坦",霍金并不认为自己和爱因斯坦、牛顿有什么大关系。霍金说："虽然在《星际航行》中与他们（爱因斯坦、牛顿，还有一个"超人"似的人物）打扑克，我赢了，但是和科学工作毫不相干。"如果剥去闪光的外壳，我们看到的只是一个执着于自己所爱事业的科学家，一个探索宇宙真理的思想者，别无其他。

40多年前，医生断定史蒂芬·霍金最多再活两年，可是现在他已经是一个60多岁的老头了。尽管很多人对60多岁的霍金还能不能在学术上有所突破态度审慎，但我们相信他仍有无穷的潜力，因为他活着，本身就是个奇迹。

（二） 海伦·凯勒的故事

海伦·凯勒年仅19个月时患了一种奇怪的病，导致了她完全成了瞎子和聋子。此后的5年里，她无法同别人交流。后来从波士顿来了一位叫安妮·沙利文的老师来帮助她。沙利文小姐曾一度是盲人，她想方设法教诲海伦能像别人一样生活。她教海伦怎样用手作为说话的工具。沙利义小姐带海伦出去，到树林中探索自然。她们还到马戏团、剧院、甚至去工厂。沙利文小姐用她们俩使用的语言给海伦讲解各种事物，她们之间的语言就是用手和手指触摸的语言。海伦还学会骑马、游泳、划船，甚至爬树。

海伦·凯勒有一次写出了她早年的这些事。

在一个美好的春天的早晨，我独自一个人坐在房间里读书。突然有种奇妙的气味使得我不由自主地站起身来，伸出了双手。春天的气息好像从我的房间里走过。"这是什么呢？"我问。但随后我就知道了，它来自室外的合欢树。我走出门去，到了花园的边沿，向树走过去。树在温暖的阳光下晃动着。树上长长的枝条挂满了鲜花，被压得快碰到地面了。我从鲜花中穿过，走到树下，然后静静地站在那儿。后来，我蹬着树干爬了上去，

一、自立篇

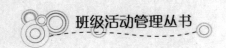

爬呀爬，最后爬到了一个小座位上。小座位是很久前有人安放在那里的。我在那里坐了好长时间……世界上任何东西都没法和这种感受相比。

后来，海伦懂得了，自然界不仅是美好的，也是残酷的。巧合地是，她是在另一棵不同的树上悟出的这个道理。

有一天，我的老师和我走了一段长路后正在向回走。那天早晨天气凉爽，但慢慢变得又热又闷起来。我们停下来休息了二三次。我们最后停下来的地方是在一棵樱桃树下，离我家的房子没几步远了。树荫很好，这棵树也很容易爬。沙利文小姐和我一起爬了上去。在树上真是凉快透了。我们决定在树上吃午饭。她去家里拿吃的，我答应她我在树上坐着不动。突然树上的情况出现了变化。我知道是天空变了，因为空气中的热消失了，对我来说，热就是光。我闻到地上冒出了一种气味。我了解这种气味，这种气味总是在暴风雨到来之前出现。我感到孤单，身边没有朋友，高高在上，脚不着地。我吓坏了，想让我的老师快来。我想从树上赶快下去，但自己没有办法。一阵儿可怕的寂静后，突然暴风开始把树晃动起来，树叶在我头上和周围纷纷落下。我差点儿摔下来。我想从树上往下跳，可是又害怕。当树枝在我身上擦来擦去时，我尽力蜷成一团。正当我想这树和我会一起倒下时，一只手托住了我，正是我的老师来了。我用全身的力气抓住了她，当脚着地时，我高兴得都颤抖起来了。

沙利文小姐和海伦相处了多年。她教会了海伦怎样读书、怎样写字、怎样说话。她帮助海伦上学，而且上了大学。海伦非常想做别人能做的事，而且同别人做得一样好。后来，海伦真的上了大学，而且以优异的成绩完成了学业。但是，也真是不容易。她所需要的书中没有几本是用盲文（盲人用手摸着书读的语言）写的。因此很多书都要靠沙利文小姐或别人把这些书写在她手上。几何和物理特别难学。海伦只能用金属丝来学习正方形、三角形和其他的几何图形。她要反复感觉这些金属丝的形状，直到能在自己脑子里看到它们为止。

在大学二年级的时候，凯勒小姐写出了她生活中的感受和大学对她意味着什么。她是这样写的：在拉德克利夫大学的第一天我兴趣盎然。我内心深处有一股强大的力量促使我检验一下我的脑子够不够用，我想看一看自己能否学得和别人一样好。在大学里，懂得了很多事情。我逐渐明白的一件事是，有些人说，知识就是力量，但不单是这样，知识还是引人快乐的桥梁，因为掌握了知识就知道了什么是真正的和真实的。去了解过去的伟人们是怎么想的、怎么说的，怎么做的就等于去感受人类一代代人的心脏跳动。

海伦·凯勒所有的知识都是通过触觉、嗅觉和感觉获取的。要了解一朵花，就要去摸、去闻、去感受。随着她年龄的增长，她的触觉功能得到了高度开发。有一次她说，手几乎和嘴一样可以说话。她说，有些人的手让她摸起来产生恐惧。当她触到这种人的冰冷的手指时，他们好像没有欢乐，她好像是在和暴风雨握手。而她发现另外一种人的手充满了阳光和温暖。令人奇怪的是，海伦·凯勒学会了喜欢她听不到的东西，比如音乐。她做到这一点靠的是触觉，当音乐的节拍使空气产生的波动触及到她时，她能感觉到。有时她把手放在唱歌的人的喉咙，一架钢琴在演奏时，她常常用手抚摸着钢琴站上几个小时。有一次她听风琴演奏，风琴奏出的有力的歌曲声使得她按着音乐的节拍晃起了身体。她还喜欢去博物馆。她认为，她对雕塑的理解和别人没有两样。她的手指能告诉她物体的大小和质地。

海伦·凯勒怎样看待自己，失去视力和听力悲剧发生后是怎么想的？她少女时是这样写的——有时，寂寞感像寒冷的薄雾笼罩着我。我独自坐着，在生命关闭的门内等待着。门外是光明、音乐和甜蜜的友谊，但是不让我融于其中，寂静沉重地压在我心头。后来希望微笑着向我走来，轻柔地说："忘掉自我，就是快乐。"于是，我就竭力把别人可以看到的光明化作我的太阳，把别人可以听到音乐化作我的交响曲，把别人脸上的微笑化作我的喜悦。

海伦·凯勒高个头儿，很强壮。她讲话时，脸上生气勃勃。这样可加强她语言的表达力。当她和好朋友谈话想了解他们的情感时，她往往能感觉到他们面部表情的变化。她和沙利文小姐都以具有幽默感而闻名。不管是她们自己的还是别人的开心的事儿，她们总是喜欢开玩笑和逗乐

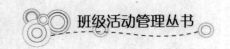

儿。海伦·凯勒大学毕业后，必须努力工作来养活自己。她到全国各地给许多人讲话，写了几本书，还制作了一部以她的生活为原型的电影。她的主要目的就是让公众注意到残疾人的困难。海伦·凯勒和沙利文小姐的事迹被写成书，多年来被人称颂着。她们的成功表明了人能征服苦难。

（三） 曹姝媛：我有一双经历风雨的翅膀

　　我的父母都是普通的工人。同其他的父母一样，他们深知知识的重要。因此，我成了他们的希望，而我也立志要考上大学。

　　然而苦难却横亘在我的梦想之路上。我六岁那年，爸爸在加夜班的时候铁屑崩到了眼睛里，左眼失明了。我十一岁那年，爸爸因肾积血手术摘掉了左肾，再也无法进行体力劳动。我读初一时妈妈下岗了，一家的生活只剩下爸爸每月 200 元的工伤补助费维持。那段日子似乎空气都变得压抑。这样一个家庭是需要一个儿子来挑大梁的。那天，我毅然作出了一个决定：打工，我要自己供自己上学。

　　我从同学那儿借来五十元钱，去批发市场进了一些小装饰画、小工艺品，准备像校门口的小贩那样。没想到平时司空见惯的事情轮到自己头上竟然变得那么艰难。那天中午，我竟然没有从包里把货物拿出来。可是货如果卖不出去，我连借的五十元钱都无法偿还。第二天中午我去了一所比较远的学校门口，摆好了货物，怎么鼓励自己都不敢吆喝。好久，一个小同学走过来，问我："这是卖的吗？"我急忙点头。那天我赚了一毛钱，是我赚到的第一个一毛钱。那一刻，我深深地体会到了赚钱的艰辛，懂得了平时爸爸交给我的那些钱里面凝聚着多少汗水和辛苦。

　　一个月以后，我赚到了 80 元钱。我用 23 元买了一本向往已久的《题典》。走出书店，我突然感觉天空是那么蓝。回到家爸爸诧异地问我钱是哪来的，我这才告诉了他。他什么也没说。但我看到他的嘴角在不停地颤抖，我知道他在努力控制自己的情绪。一个多星期后的中午，大家正在吃饭，爸爸突然问我："你是从哪里进的货呀？"我很奇怪，可他看也不看我一眼，只是伸出筷子夹菜去了。不久，爸爸和我一样，开始到一所小学校门口摆地摊卖货了……我十分感激父亲，他的行为是对我无声的鼓励。而我真切地感受到，命运的火种其实就在自己的手里……

一次，我蹲在夜市的一角吆喝着。一个八九岁的男孩被我的工艺品吸引，但他的母亲说什么也不给买，拉着他走出五六米远的时候，我突然听见她在呵斥："看到了没有，你要是不好好学习，将来也只能摆地摊。"

虽说早已习惯了被人审视的目光，也感受了自食其力的骄傲。但那一刻，我被深深地刺痛。我想到清扫楼道的妈妈，以及带病工作的父亲。他们从事着的也都是社会底层的工作，但他们是我心中最慈爱的父母，最完美的父母。我想，我一定用自己的劳动赢得别人的尊重，一定让我的父母过上幸福的日子。

每年最轻松的是寒暑假，因为时间宽裕，货品也不限于卖给小学生了。那一年寒假，我从早市批发了一丝袋粘豆包，在下午下班高峰时，我到附近的马路旁叫卖。不到两小时，豆包全部卖光，我赚了 36 元钱，是我赚的最多的一天，我高兴极了。第二天，我又批发了一丝袋，也都卖光了。第三天再去那熟悉的地方卖，却少有人买。我想了想才明白，原来人们吃豆包是一种尝鲜、怀旧的心理。而一个地方的流动人员是固定的，想尝鲜的人都已经买了，生意自然就清淡下来。于是我不断地换地点，爸爸也来帮忙。二十几天，我们走遍了附近的马路，赚了 600 多元。那个春节是我所过得最开心的节日。父母很高兴，我想是因为他们看到自己的女儿在一天天长大……

就这样，依靠自食其力我完成了学业，并且我以高考作文满分，总分600 分的成绩被哈尔滨工程大学录取。

一、自立篇

（一）"自强、自立"主题班会

班会准备

1. 环境布置：主题会课题，会场座位，表演区安排。

2. 小品中的道具、服装、音乐、水果和蔬菜等。

3. 有关活动的串词。

4. 班主任与学习问题生悉心交谈，了解他们的困惑和苦恼。

5. 请班内品学兼优生总结自己的成功经验，包括学习目的、学习方法、学习心理等诸方面。

6. 两侧墙上张贴名人名言。

左侧：业精于勤荒于嬉，行成于思毁于随。（韩　愈）

我没有什么特别的才能，不过喜欢寻根刨底地追究问题罢了。（爱因斯坦）

天生我材必有用。（李　白）

右侧：如果是玫瑰，它总会开花的。（歌　德）

奇迹多是在厄运中出现的。（培　根）

我必须承认，幸运喜欢照顾勇敢的人。（达尔文）

班会过程

（主持人甲、乙上）

甲：春风荡漾，春雨绵绵；

乙：春耕的时节，播种的季节。

甲：四年来，每年的春季我们都用双手播下一粒粒种子；

乙：四年来，每年的秋季我们又用双手捧起丰收的果实。

合：让我们随着时光老人，一起去看看我们的双手曾给我们带来了什么……

乙：时光老人让我们来到一年级，看看那时的我们。下面请白鸽小队表演。

（白鸽小队 A、B 上）

那时的我们

A 述：那时我们才那么点，个个都是小皇帝。衣服妈妈帮着穿，书包奶奶帮着提，上学爷爷送，放学爸爸接。万一其中一人有事，姑姑、婶婶都是最佳候补。

B 述：那时我的这双手就像指挥棒，点到哪儿，我们一家就往哪儿冲锋陷阵。是老师教会了我们做这、做那，我们还把学到的所有本领编在一支歌里，那就是《我有一双勤劳的手》。

乙：听着这首歌，我们仿佛觉得一年级时的事就发生在昨天，那时我们就是用这双手做着那些简单的事……

甲：嗨，别沉醉了，你都二三年级了。

乙：有那么快呀，不好意思，不好意思。让我来看看这时我们的双手干了些什么？

请白帆小队表演叙事诗朗诵《勤劳的双手带来喜悦》。

（白帆小队上）

勤劳的双手带来喜悦

每当我捧起苹果

就不由得想起那难忘的第一次

那次，老师给我们每人一个大苹果

说是给我们吃的

霎时，我们又高兴又幸福

一、自立篇

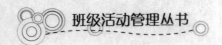

主题班会活动设计·道德教育卷

但老师又提出一个要求
一定要自己削皮才能吃
顿时，我们又失望又苦恼
但最终我们无法抵御苹果的清香
拿起了小刀……

一刀，一刀……
还不错，我们笑了
一刀，一刀……
手酸了，我们开始退却了
一刀，一刀……
手不听使唤了，我们开始怨恨了
扔下了小刀

老师走来
告诉我们她的许多第一次
告诉我们音乐家的第一次
告诉我们雕塑家的第一次
……

我们明白
原来第一次都是那么艰辛
我们重新拿起小刀

一刀，一刀……
无怨无恨
一刀，一刀……
坚韧不拔
终于，成功了

甲：三年的时光飞逝而过，我们又来到四年级，看看由这双手引发的趣事。

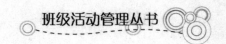

请阳光小队表演相声《还是当男的划算》。

（阳光小队 A、B 上）

还是当男的划算

A：我越来越体会到做男的有多么划算。

B：你怎么会有这种想法，我只听我老爸说男人就是难人，难做人的人，既要赚钱多，又要干活多，还要在家时间多，对妻儿关心多……

A：嗨！你说的是大的男人，我说的是你我这样小的男人，小男人，懂不懂，你把概念先分清了。

B：哦，那你倒说说看，像你我这样的小的男人有什么划算的地方？

A：这个说来话长，先从我们在娘肚子里说起。据说我们这些小男人还在娘肚子里的时候，就显得特别优越。

B：怎么说来着？

A：这不，当大人们知道在肚子里的是我们这些小男人时，他们都会再三叮嘱孩子的妈："多吃点、多注意休息、多当心点，那可是儿子。"

B：那如果大人们得知在娘肚子里的是女孩会怎么样？

A：那还不简单，有什么吃什么！

B：这是为什么？

A：原因太简单了，吃多了孩子太胖，生出来还要减肥，多麻烦啊。

B：这算什么？

A：这你别管，现在女的都兴苗条，要在娘肚子里就开始打下基础。当我们这些小男人出生后，我们的长辈说起话来的味儿也不一样。

B：这你也知道。

A：当然，相声演员马季不是说过这样一个段子，我们来学学。

B：好。

A：这样我先当生了小男人的爸爸，你问我生了啥？

B：呦，恭喜恭喜，听说你家添丁了，添了个啥？

A：男的（头一昂）。现在我再当生了女孩的爸爸，你再问。

一、自立篇

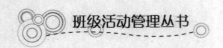

B：呦，恭喜恭喜，听说你家添丁了，添了个啥？

A：女的（一脸尴尬样）。看见吗？

B：嗨，这是封建迷信。

A：这你别管，反正是实事，当我们这些小男人渐渐长大后，就越发显得划算了。

B：怎么回事？

A：我们小男人狂奔乱喊，大人会说："那才像是男的，长大准有出息。"

B：那女的呢？大人会怎么说？

A：痴头怪脑，长大嫁不出去。

B：嗨。

A：另外，我们小男人由于运动量大，吃的多，这划算吗？

B：有点道理。

A：大热天，我们可以赤膊，女的行吗，这也划算。

B：这也算一条吗？

A：这能否定吗？外边游玩，我们可以到处方便，女的行吗？

B：这是不文明的行为。

A：管他呢，最让我觉得划算的要算现在。

B：现在，我不觉得我们有什么划算？你看站在办公室最多的是我们这些小男人。

A：这算什么，这叫敢于承担责任，忍辱负重。

B：班里戴标志的都是女的，天天管着我们这些小男人。

A：这叫从小锻炼如何适应什么"妻管严"。

B：还有呢，搬桌椅，拖地板这种脏活、重活都让我们干唉！

A：这你就没姿态了，这是老师让我们显示男性的威力。

B：你现在说得多高尚，那回你还说老师偏心眼呢！

A：你这人……，我这不提高认识了吗？

B：反正，我想不出我们有什么划算的。

A：唉，你不知道，我们现在学校开设劳动课，老师要求女孩子每天

把妈妈、奶奶梳好的辫子散开，自己重新梳理。你看她们就这样，（做出用手梳辫子的样子）累了半天，还没扎成一个像样子的辫子，又累又急，眼泪直打转。我心里痛快，平时可让她们管惨了。

B：这倒是的，那些女生都是要强的人，听说没有掉泪。

A：是啊，是啊，你看像我们这头发，用手三下五除二完事了，划算吧。

B：有道理有道理，不过听说她们这样多锻炼有助于开发大脑。

A：有这事？我怎么没听说，不行，我可不能吃亏，我决定从今天起，从现在做起，不剪头发了。

B：干吗？

A：留长发练习梳辫子，开发大脑……

B：拜托你了，你怎么什么都想得出。

A：这不划算吗？（完）

乙：我们每天生活在同一个屋檐下，欢笑和烦恼时刻伴随在身边。有的同学成绩优异，始终笑颜常开，受到老师的表扬、同学的羡慕；有的则为成绩平平或虽然努力了但始终毫无起色而苦恼。我们的集体是一个大家庭，让我们敞开心扉，倾诉内心的痛苦和忧愁，共同探讨，找到解答的良方。下面请同学 A、同学 B、同学 C 上台，接受大家的咨询，当众解答，也请班主任姚老师上台。

同学发言，同学 A、B、C 解答（略）

班长：下面，我们请珊珊、凌峰为大家表演小品《大喜与大悲》。

大喜与大悲

角色：学生嘉嘉（女），学生小捷（男），数学老师。

场景：教室里，课前两分钟，打铃后两分钟，嘉嘉雀跃着跑进教室，满脸兴奋得意。

嘉嘉：嗨，小捷！我的文章在《少年文艺》上刊登了！瞧！《黑白蝶》——长虹中学　嘉嘉！

小捷：（脸露惊喜与羡慕）哇噻！真了不起！来，让我欣赏欣赏！（边仔细品读，边点头）

一、自立篇

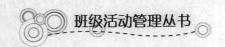

你可真行！不但会创作，每次语文测验，考试也总是拿第一。我看哪，你将来可是当作家的料！

嘉嘉：没错！我最敬佩冰心女作家。她的文章文笔清新优美，极有感染力；我还崇拜托尔斯泰，他的思想多么深邃，具有一种震撼力量……

小捷：我可惨了，文科成绩总是上不去。对了，你还是抓紧复习数学吧，第一节课就要测验了。

嘉嘉：啊，霉了！（满脸苦恼，动作夸张地定格）

（上课铃响。数学老师夹着一叠试卷走进教室）

数学老师：今天测验，希望大家仔细些，考出真实水平，超过3班。（眼睛朝嘉嘉一瞥）嘉嘉，复习准备得怎么样了？

嘉嘉：还……还好啦。

（老师发试卷，嘉嘉苦闷地托腮，时而咬着笔杆，时而唉声叹气，摇晃身体。）

嘉嘉：怎么办？一道题都不会做。理科真是我的克星，数学总是不及格，物理更别说了。瞧小捷，做得多欢畅！他的数学真是没说的，超人！我看他都快成陈景润第二了。

（小捷起劲地做着题，脸上露出喜色。）

嘉嘉：如果我与小捷互相交换一半文、理细胞就好了。

场下同学：这则小品反映了我们学习中的偏科现象。我们总是想克服偏科的烦恼，但很难成功。就像嘉嘉，对于喜好的学科，越学越好；对于落下的学科，总觉得很难打翻身仗。

同学B：我认为，只要树立信心，是可以改变偏科现象的。

班长：今天的主题班会到此结束。希望大家能通过这个班会，更好地认识自我，树立信心相信路在你的脚下，成功就在你的面前。

（二）"我留守 我自立"主题班会

一、自立篇

班会准备

1. 多媒体、录像资料。
2. 学生做好诗朗诵、歌曲演唱及自立三字歌朗诵。

班会过程

班长：亲爱的同学们，大家好！一年级七班"我留守 我自立"主题班会现在开始！

我们大多数同学的父母为了我们，选择了外出打工，而我们就成了名副其实的留守学生。虽然留守在家，可我们并没有悲观，相反我们更好地锻炼了自己，我们学会了自立自强！

甲：我们熟悉的家里，却找不到爸爸、妈妈熟悉的影子；

乙：我们爸爸、妈妈亲切的呼唤，只能在沉沉的梦里。

合：因为我们都有一个共同名字——留守娃。

甲：根据统计，我们班 64 位同学中就有 50 位同学的父母亲在外面打工，我真想知道，父母不在身边的日子里，你们的心情怎样呢？

乙：我们对父母的外出有着深深的理解和万般的无奈，更有对他们深切的思念和深情的祝福，就让一封家书捎去我们的思念和祝福吧。

（大屏幕展示《给远方父母的一封信》）

（音乐响起，学生演唱《留守的娃》）

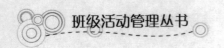

甲：一封家书，让留守娃寄去对父母最真的思念。一首歌曲，道出留守孩子最真的渴盼。

乙：爸爸妈妈，我们想念你们，你们在他乡还好吗？

甲：我们想念你们的微笑，你们关切的目光，你们布满老茧的手，你们深情的叮咛。

乙：是的，你们头上的白发，印证着我们的成长，你们手上的老茧，伴随着我们走过春秋冬夏。请听歌曲《烛光里的妈妈》。

（聆听歌曲《烛光里的妈妈》）

甲：感人的信、动情的歌、真心的话，你们都听到了吗？

乙：我们在家挺好的，有爷爷奶奶的照顾、老师同学的关心，请你们放心吧！

甲：我们不跟别人比父母，我们跟他们比明天。

乙：我们虽然远离了你们，但我们的心是靠在一起的，我们想对你们说的心里话太多、太多。

甲：请欣赏配乐诗朗诵《心里话》

（配乐诗朗诵《心里话》，音乐《二泉映月》）

甲：亲爱的爸爸妈妈，我们一定牢记您的教诲，将这份思念化作我们进步的动力，我们一定不会辜负你们的殷切期望。

乙：有你们陪伴的日子，我们的生活温暖而又精彩；你们不在身边的日子里，我们一样能自立、自强。不信？请让我们一起走进班上几个留守同学的故事。

（观看《能干懂事的留守娃》）

甲：这是一个聪明能干的女孩，她在家里乖巧懂事，在学校学习勤奋，成绩名列前茅。去年运动会上只要她参加的项目，冠军非她莫属。

乙：这个不断超越自我，完善自我的女孩就是我们的张秀莲同学。

甲：张秀莲同学生活得很开心，她的优秀表现是我们班级的骄傲，也是我们学习的好榜样！

乙：除此以外，我们班还有许多如此平凡却又如此能干的同学，让我们继续走进他们的生活。

甲：这是我们班的"孝心天使"王俊同学，他和爷爷生活在一起。他是一个住校生，周末回家，他总是用自己节约下来的生活费为爷爷买喜欢吃的东西，爷爷年事已高，吃饭的时候他总是不停地往爷爷碗里夹菜，爷爷生病的时候他总是细心照顾，亲戚朋友都对他赞不绝口。

乙：这是我们班的"劳动能手"李梅同学。李梅同学在家里相当能干。她最会洗衣服了，她洗的衣服干干净净，还带着清香味呢！她是我们的劳动委员，在她的带领下我们几乎每周都能夺得流动红旗。

甲：这是我们班的"学习标兵"曾展鹏。他和爷爷奶奶住一起，在家里自己的事都是他自己做，还经常帮爷爷奶奶做饭、洗衣，面对困难他总是笑脸应对。学习上他可是我们班的招牌，不是第一，就是第二，是全班同学崇拜的偶像。

乙：在家里，我们能顶天立地；在学校，有老师的教育，同学的关心，我们更是明理懂事。

甲：我们在行为上、学习上、纪律上、劳动上又是怎样做的呢？请全体同学一起来。

《留守三字歌》

行为上：

| 起得早 | 精神好 | 按时走 | 上学校 | 对老师 | 有礼貌 | 遇同学 | 点头笑 |
| 在家中 | 孝敬老 | 出门时 | 招呼好 | 长辈话 | 要记牢 | 养育恩 | 知回报 |

学习上：

| 勤学习 | 把书读 | 多积累 | 常读背 | 铃声响 | 进课堂 | 书放好 | 身坐正 |
| 专心听 | 仔细瞧 | 多动脑 | 成绩好 | 做作业 | 莫潦草 | 好又快 | 人人爱 |

纪律上：

| 上学去 | 不迟到 | 课间时 | 别喊叫 | 轻轻走 | 莫追闹 | 上下楼 | 往右靠 |
| 集合时 | 莫快跑 | 上自习 | 静悄悄 | 公路上 | 莫乱跑 | 守纪律 | 品德好 |

劳动上：

| 责任区 | 勤打扫 | 废弃物 | 莫乱抛 | 要爱护 | 花和草 | 讲文明 | 环境好 |
| 讲卫生 | 勤洗澡 | 寝室里 | 常打扫 | 家务事 | 处理巧 | 我自立 | 我自豪 |

一、自立篇

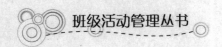

甲：听，他们讲得多么好！

乙：其实他们做得比说的更好，父母虽然不在身边，但他们个个都能干，个个都自强。

甲：父母不在身边，我们也曾孤单，也曾迷茫。

乙：但我们却在老师的教导下，生活的磨炼中学会了坚强、学会了飞翔！

甲：我们会带着老师的教诲，远方父母殷切的期盼，和着我们的主题誓词飞得

（合）更高、更远！

乙：最后是我们的主题誓词，请全体同学宣誓！

（音乐《我们是一家人》）

我留守，我自理！

我留守，我自立！

我留守，我自尊！

我留守，我自爱！

我留守，我自信！

我留守，我自强！

我留守，我努力！

我留守，我出色！

我相信：我行！我能行！！我一定行！！！

班主任总结

同学们，我们的父母虽然不在身边，但我们并不孤独，请不要忘记：我们还有另一个大家庭——那就是一年级七班。这里有亲爱的老师，有可爱的同学，他们会分享你的快乐，会倾听你的诉说，会分担你的烦恼！

在我们成长的道路上，有无数关注的目光，有无数深情的叮咛，有无数搀扶的手臂。我们应该为此感到幸福，感到自豪，感到满足，更应该感到骄傲！我们虽然留守在家，但我们依然可以大声地说：我留守，我自立（全班同学齐）！

二、自律篇

　　自律，既是一种良好的品质，又是一种锻炼好品质的方法和手段。

　　自律首先表现为自爱，即塑造良好的形象，珍惜自己的名誉，珍爱自己的生命。自律又表现为自省，经常冷静地回顾自己的思想和行为，寻找并克服自己的缺点和改正错误。自律还表现为自控，自己对自己进行监督、引导和催促。

　　自律对青少年良好品质的养成具有重要意义。

　　自律，使人能够自知。一个人有了自律的要求和能力，才能够做到"见贤思齐"，以先进人物为榜样，对照自己向他们学习；能够做到"见不贤而自省"，看到别人的缺点错误而扪心自问，以免重蹈覆辙，从而能使自己不断进步，完善自己。

　　自律，使人养成良好的行为习惯。增强自律能力，就能够帮助我们自觉地、有意识地去养成良好的行为习惯，时时警惕，防止养成不良的行为习惯，促进个人健康成长。

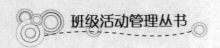

名人论自律

关于自津的格言

道也者，不可须臾离也，可离非道也。是故君子戒慎乎其所不睹，恐惧乎其所不闻，莫见乎隐，莫见乎微，故君子慎其独也。

——《礼记·中庸》

礼之以少为贵者，以其内心者也。德产之致也精微。观天下之物无可以称其德者，如此，则得不以少为贵乎？是故君子慎其独也。

——《礼记·礼器》

叁日而后能外天下；已外天下矣，吾又守之，七日而后能外物；已外物矣，吾又守之，九日而后能外生；已外生矣，而后能朝彻；朝彻而后能见独；见独而后能无古今；无古今而后能入于不死不生。

——《庄子·大宗师》

勿以恶小而为之，勿以善小而不为。

——三国 刘备

王者至公无私故能服天下人之心，朕与卿辈日所食，皆取诸民者也，故封官委任皆为民也。

——唐 李世民

君子慎其独，非特显明之处是如此，虽至微至隐，人所不知之地，亦常慎之。小处如此，大处亦如此，显明处如此，隐微处亦如此。表里内外，粗精隐显，无不慎之。

——宋 朱熹《朱子语类》

独者，人所不知而己所独知之地也。言幽暗之中，细微之事，迹虽未形而几则已动，人虽不知而己独知之，则是天下事无有着见明显而过于此者。是以君子既常戒惧，而于此尤加谨焉，所以遏人欲于将萌，而不使其

主题班会活动设计·道德教育卷

滋长于隐微之中，以至离道之远也。

——宋　朱熹《四书章句集注·中庸章句》

暗室屋漏一如大庭广众之中，表里精粗，无一或苟。明可以对人对天，幽可以执鬼执神。

——明　李二曲

《大学》、《中庸》俱以慎独为训，是为对贤第一要节。后人广其说曰："暗室不欺"。所谓"暗室不欺"有二义焉：一在私居独处之时，一在心曲隐微则人不及知。惟君子谓此时指视必严也。

——清　康熙《庭训格言》

一丝一粒，我之名节；一厘一毫，民之脂膏；宽一分，我受赐不止一分；取一文，我为人不值一文。

——清　张伯行

一个人在独立工作，无人监督，有做各种坏事的可能的时候，不做坏事，这就叫慎独。

——刘少奇《论共产党员的修养》

自律典范

（一）"四知" 杨伯起

杨震，字伯起，弘农华阴（今属陕西）人。出身于官宦世家，八世祖杨喜，在西汉高祖时曾封为赤泉侯。杨震自幼好学不倦，后来博览群经，被当世儒生誉为"关西孔子杨伯起"。他淡于名利，50岁时才应大将军邓骘之辟。后举茂才，担任过荆州刺史、东莱太守。他莅郡赴任时，路过昌邑。昌邑令王密原在荆州时被杨震举为茂才，为答谢他的知遇之恩，特地于昏夜以黄金十斤馈遗，杨震当即拒绝。王密以为暮夜无人知晓此事，劝

二、自律篇

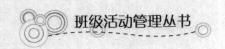

杨收下。杨震说："天知，神知，我知，子知，何谓无知?"王密自觉羞愧，怀金退出。

杨震不但洁身自好，而且力图澄清当时官场贿赂公行的污浊空气。永宁元年（公元 120 年），他升任司徒。司徒身为三公，地位尊崇。当时，安帝乳母王圣缘恩放恣，其子女伯荣出入宫掖，交通奸赂。杨震于是上疏抨击，并且提出"政以得贤为本，理以去秽为务"。要求安帝"绝婉娈之私，割不忍之心，留神万机，诚慎拜爵，减省献御，损节征发"。

延光二年（公元 123 年），杨震迁任太尉。帝舅大鸿胪耿宝，皇后之兄执金吾阎显等人，仗势向杨震举荐亲戚故旧为官，均被拒绝。中常侍樊丰等人分威共权，嘱托州郡，倾动大臣，宰司则承其旨意，广招贪污之人，以至贿赂公行。杨震又屡次上疏予以抨击。

（二） 甄彬人穷志不穷

南北朝时期，有一个农夫叫甄彬。此人品行高洁，从来不取不义之财。这一年闹春荒，家里能吃的东西都吃完了，全家人饥肠辘辘。甄彬找到一捆苎麻，拿到当铺，典当了一点钱，买了些粮食，勉强度过了春荒。老天还算帮忙，这年风调雨顺，是个丰收年。

秋后，甄彬卖了些粮食，凑齐了钱，到当铺里将那捆苎麻赎了回来。过了几天，甄彬的妻子拆开麻捆准备纺线时，猛然从里面掉出一个布包，啊，竟然包着 5 两黄金，一家人很是惊喜。

甄彬对妻子和儿子们说："这可能是当铺的伙计在收拾库房时，不小心把这包黄金裹进了麻捆里。按说，我们留下它也未尝不可，反正也不是我们自己拿的，别人也不知道，而且咱们家也太需要钱了。不过，话得说回来，古人云'君子爱财，取之有道'，咱们人穷志不穷，不是我们该得的东西，不要说是 5 两黄金，就是一文钱也不能要！你们以为

主题班会活动设计·道德教育卷

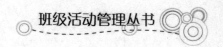

如何?"

甄彬的妻子、孩子平日里深受他的影响，也都为人正派，他们都很赞成甄彬的意见。于是，甄彬立即将黄金送还给了当铺。

（三） 海瑞拒贿

海瑞是历史上有名的清官之一。他那刚直不阿，嫉恶如仇的性格和他那清廉正派，搏击豪强，维护穷民的行为，给人留下了深刻的印象。人们到处传诵着他的故事，几百年来，海瑞成了妇孺皆知的传奇人物，清廉正直的官吏代表。

史书上记载"海刚峰不怕死，不要钱，不吐刚茹柔，真是铮铮一汉子。"海瑞的一生，确是反对贪污，反对奢侈，主张节俭，生活朴素。可是，当时的社会却贪污成风。严嵩父子虽然垮了，但从宫廷到地方，依然贿赂公行，横征勒索。

海瑞从作教官时起，就禁止学生送礼。在浙江淳安任知县时，他到任后定下许多规矩，如均平徭役，减轻老百姓的负担，其中最让人敬佩的，是反对贪污。海瑞革去了历届相传的知县常例。所谓"常例"，就是摊派在田赋上的加收，作为县官的律贴。他反对行贿，自己从来不干。有人劝他随潮流一点，他愤然道："全天下的官都不给上官行贿，难道就都不升官？全天下的官都给上官行贿，难道都不降官？怎么可以为了这个来葬送自己呢？"又说："充军也罢，死罪也罢，都甘心忍受。这小偷行径，却干不得！"

照例知县进京朝觐，可以从老百姓头上摊派四五百两银以至上千两银子，以便进京行贿，京官把朝觐年看成是收租年头。海瑞在淳安任上两次进京，只用了路费银四十八两，其他一概裁革。

海瑞在淳安是有名的穷知县，他"布袍脱粟，令老仆艺蔬自给"。作

二、自律篇

巡抚时，拒绝人家送礼，连多年老朋友送的人情也婉言谢绝。他作官多年，过的仍然是穷书生的日子。有一天，海瑞买了两斤肉，为母亲过生日。总督胡宗宪听到后，大为惊奇，对别人说道："昨闻海令为母寿，市肉二斤矣，盖笑之也。"罢官到京听调时，穿的衣服单薄破烂，吏部的熟人劝他，才置了一件新官服。祖上留下十多亩田地，除了母亲死时，朋友送一点钱添置了一点墓地外，没有买过一亩地，买过一所房子，用了一百二十两银子，也是历年官俸的积余。

就在海瑞死前三天，兵部送来柴火银子，一算多了七钱银子，他还让退回去。死后，"金都御史王用汲来到海瑞的住所，只见葛帏敝帐，有寒士所不堪者，为叹息泣下。"同官替他清点遗物，全部家财只有薪俸银一百五十一两（一说只有十多两），绫、绸、绢各一匹。"贫无可给棺椁，士大夫醵金以殓。士民哭公至罢市者数日，祭于涂，累数百里不绝。"

海瑞正是用他这种刚直不阿的精神，廉洁奉公的高尚品质，受到后人们的怀念、崇敬、爱戴和拥护。几百年来，海瑞的事迹，树立了一个典型的清官形象被广泛传颂。

（四） 清代廉吏于成龙

于成龙少有大志，自幼过着耕读生活，受到较正规的儒家教育。顺治十八年（公元1661年），已44岁的于成龙，不顾亲朋的阻拦，抛妻别子，怀着"此行绝不以温饱为志，誓勿昧无理良心"的抱负，接受清廷委任，到遥远的边荒之地广西罗城为县令。罗城新隶于清统治下不到两年，由于局势未稳，两任知县一死一逃。

于成龙到罗城时，这里遍地荒草，城内只有居民六家，茅屋数间，县衙也只是三间破茅房。他只得寄居于关帝庙中。在困境中，同来的五名从仆不久或死或逃，而他以坚强的意志，扶病理事，迈开仕宦生涯的第一步。康熙六年（1667年），于成龙被两广总督金光祖举荐为广西唯一"卓异"，并升任四川合州（今四川合川市）知州。离罗城时，他连赴任的路资也没有，出现了百姓"遮道呼号：'公今去，我们无天矣！'追送数十里，哭而还"的感人情景。有一瞎子不愿离去，说："你主仆二人身无分文，此去合州相隔千里如何到得，我瞎子是一个无用之人，但懂点相术，沿途为你们化一口饭吃吧。"于是由这瞎子一路护送才得以到合州上任。于成龙官到两江总督，每顿仍以糠粥主食，青菜为拌，因此江南百姓昵称其为"于青菜"，这是他的廉政。于成龙不仅清廉，而且能干。他所任之处都是积重难返之地，但他每一到任就大力鼓励百姓开垦耕种，惩治豪强，处治贪官污吏。他身为"治官之官"，始终把整顿吏治放在工作的首位。他指出："国家之安危由于人心之得失，而人心之得失在于用人行政，识其顺逆之情"。"以一夫不获曰予之喜，以一吏不法曰予之咎，为保致政之本。"因此，贪官闻之色变，而百姓称之为"于青天"。

他出仕二十多年，官到直隶巡抚时，康熙恩准他回乡葬母。其妻为他散发就寝时，不禁落泪。于成龙问其故，其妻说："昔日为你梳发，一头青发为妻一手拢都拢不过来。为何第二眼瞧时竟换成了这满头的白发，还只剩下这稀疏的一撮。"于成龙安慰道："为夫的头发虽然白了、少了，可为夫的官是越做越大啊！"看到这情景不禁令人感动得流泪。

于成龙逝世后，南京"士民男女无少长，皆巷哭罢市。持香楮至者日数万人。下至莱庸负贩，色目、番僧也伏地哭"，可见中下层人民对他的死是十分悲痛的。康熙帝破例亲为撰写碑文，这是对他廉洁刻苦一生的表彰。

二、自律篇

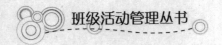

自律主题设计案例

（一）"他律、自律、慎独"
主题班会

班会准备

1. 召开班干部、团支部会议，分析班内目前存在的种种不良现象，统一思想，确定班会主题以"他律、自律、慎独"为主，明确不能放弃任何一位同学，并起草动员同学自己学习的誓言。

2. 联系自己的学习实际，检查自身存在的问题。

3. 将全班分成六个组，分别给六个故事续尾。组内自评，选出优秀结尾，并将其改编成小品，在班会课上表演，同时给这个故事起名字，并将故事设计成一幅简单图画，制作成幻灯片。

4. 请本班最优秀的学生准备讲述自己的经历。

班会过程

女：同学们，我们正处在世纪之交，这是一个社会大变革的时代，急剧膨胀的信息、缤纷的社会文化，新的学习和生活环境充斥在我们周围，处在新高一的我们，不免有些手足无措。

男：从几时起，影视娱乐成了我们道不完的话题，怪异的服饰成了我们追不完的新奇；从几时起，日夜陪伴我们的教科书成了陌路，老师家长谆谆教导被我们疏忽。

女：于是，迷恋小说、电视、上课说话、课下抄袭作业等现象多了起

主题班会活动设计·道德教育卷

来。有的同学的学习开始全面告急。苦闷、焦虑咬噬着我们年轻的心。

男：注意自我约束、自我教育，我们才能"柳暗花明又一村"。

合："他律、自律、慎独"主题班会现在开始。

女：自我约束、自我教育便是自律，自律的最高层次是慎独。什么是慎独呢？请听李莹同学讲一个关于"天知、地知、你知、我知"的小故事。

东汉年间，出了个有名的清官叫杨震。他任荆州刺史时，发现一个叫王密的人才华出众，便向朝廷举荐。朝廷接受了杨震的举荐，委任王密为昌邑（今山东巨野县东南）令。王密对杨震十分感激。他私下拜会杨震，执意送上十斤黄金以表谢意和感激，并低声说："黑夜里，无人知道，您就放心地收下吧！"杨震脸色阴沉，斥责道："你送黄金给我，有天知、地知、你知、我知，怎么能说无人知道呢？自古以来，君子慎独，哪能以为无人知道，就做出违背道德的事情呢？"一席话，说得王密羞愧难当，他急忙起身谢罪，收起金子走了。

女：亲爱的同学们，从杨震拒金的故事中，你是否已经明白了慎独的含义？所谓慎独，意思是说，有修养的人独自一人时，仍能谨慎地遵守准则，一样不做有背道德的事，而且不产生邪念。杨震能够慎独，与他平时的严格自律分不开。

男：在我们同学中，能够自律的人也是数不胜数。请看同学们自编自导的小品——谈自律。

第一组：独自在家

第二组：拾金不昧

第三组：丢与偷

第四组：雨中即景

第五组：讲与抄

第六组：笤帚情节

（略）

二、自律篇

女：感谢以上六组同学的精彩表演，六个故事各有侧重，但都真实地反映了我们的思想状态，参加表演的同学虽是初次表演，但都能准确地表现故事中人物的心理活动，让我们再次为他们的高水平表演鼓掌！

男：故事是精彩的，主人公的自我约束力、道德水平是不是一样呢？显然不同，下面先听一听各组的自评吧！

投影：（根据故事内容绘制的漫画）

自评：

第一组：没有家人在场，露露经过思想斗争，能够抗拒电视的诱惑，专心写作业。

第二组：没有人在场，郭荣在拾到巨额财产时，自觉为失主着想，拾金不昧，做得很好、很机智。

第三组：王涛虽丢车却不丢道德，主动为别人看车，实在是品德高尚，做到了自律；张明在别人的劝阻下，避免了干坏事，最终办了一件好事。

第四组：小英和小华两位同学因为下雨，便不顾社会公德，将伞拿走，既不符合《中学生行为规范》的要求，又缺少公德意识，但这种现象在同学中是存在的。

第五组：严芳能做到不让同学抄作业，而是耐心地为同学讲解，这种助人为乐的精神值得我们学习；王林在别人的帮助下能及时纠正错误。

第六组：三位同学的表演很真实，三种不同的做法又体现了不同的自制力，我们应该向吴晓同学学习，增强自制力从身边的小事做起。

女：各小组讨论评议，六个故事的主人公自制水平分别为哪种？（小组代表发言，可有争议）

（1）第四组两位主人公和第六组前两位同学是不讲道德的人；

（2）第三组张明、第五组王林，能在他人帮助下不做坏事，是他律；

（3）第一组主人公和第三组王涛在没有他人在场的情况下，经过思想斗争，做到了自律；

（4）第二组主人公，第五组的严芳，第六组的吴晓，独处时能不做坏

主题班会活动设计·道德教育卷

事，而且不让恶念头萌生，他们做到了慎独。

女：可见，慎独是一个人修养达到一定境界的标志，也是自律的最高境界，一个人独处时，不但不做坏事，而且不让邪念萌生。那么在大庭广众下绝不会做坏事。

男：故事中的主人公自制水平各不相同，现实中的我们又该如何进行品德修养，做到自律，达到慎独呢？请听我们班某同学（优生）的一段思想经历！（略）

女：同学们，你有过某同学的经历吗？你打算怎么办？请你敞开心扉和大家谈谈你的决心吧！

同学们自由发言。（略）

接下来请同学们结合平时自己存在的不足处，仔细思考自己应该从哪一方面培养自律或慎独，然后把它写在卡纸上，一边向大家介绍一边把卡纸贴在展板上。

男：慎独的精神难能可贵，它是通过后天的自我努力形成的。培养慎独精神并不难，只要在日常生活中时时、处处、事事严于律己，防微杜渐，就能够逐步达到慎独的境界。

好的修养是好的生活的开端，记得有人说过"你并不曾掌握整个宇宙，但你得掌管好你自己"。相信我们明确了目标，树立了榜样，在亲身经历时，一定会做出正确的选择。请听李岩同学的配乐诗朗诵《莫让年华付水流》（略）。

女：我们班，是一个由 xx 位成员组成的大家庭，只要我们注意自我约束、自我教育就一定能达到一个新的顶点。让我们伸出友爱之手，共同创造辉煌的明天。请班长代表班委会宣读倡议书：

我们的心声

同学们，当我们手中捧着不理想的分数时，我们要怎么办呢？难道我们愿意让家长来指责我们，整天担心着怎样交待吗？难道我们非要等到成

二、自律篇

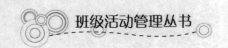

绩出来后再去找"后悔药"吗？我们都知道，等到那时晚了，那我们为什么不趁现在努力起来呢？

据我们了解，有些同学想努力实在无能为力，这时，我们班干部、课代表愿意伸出手来帮助你们，同学们，让我们加强自我约束和自我教育，为了明天，为了心中的梦想，只争朝夕。

男：为了表达我们全班同学的心声，请每一位同学在倡议书上签上自己的姓名。

（集体签名，配乐）

女：下面请班主任老师作总结。

班主任总结

同学们，我首先祝贺班会取得成功。在这次班会上，同学们自编自演的小品、准确精辟的评论、发人深省的反思都给了我一种耳目一新的感觉。你们真的很行，你们有才华、有热情、有判断能力、有勇气，尽管故事主人公的自制力有高有低，同学们在实际的学习生活中也有放松自我要求的时候，但我相信同学们会从自己创造的主人公身上学到慎独的品质。同学们，放下包袱，加强自律，做到慎独吧。擦亮眼睛，让青春的步伐更欢快、更有利！

（二）"自省、慎独"主题班会

班会准备

要求学生收集一些日常生活中缺乏公德的事例和好人好事，并在班会课上讨论。

班会过程

（媒体辅助：画面——可爱的棕熊和受伤的棕熊）

主持人：大家知道图中两只棕熊的来历吗？在1971年，罗马尼亚政府把一对棕熊作为回赠礼物送给了我们祖国，图中这两只活泼可爱的棕熊就是棕熊大使的子孙们。众所周知，动物是我们人类的朋友，但是，竟然有人为了验证熊的嗅觉是否灵敏，毫无人性地用火碱、浓硫酸去残害它们。你们看，这只棕熊的舌头已经被烧成了重伤，另外一只棕熊的前脚掌也烧得血肉模糊。多么令人痛心疾首的一幕啊！大家知道这事件的罪魁祸首是谁吗？他竟然是清华大学的高材生——刘海洋。

主持人：是啊！头上有无数荣誉光环的刘海洋竟然做出如此缺乏公德的事情，这件事不得不引起我们的深思，为了不让类似的惨剧再次发生，我们应该从现在做起，从日常行为中做起，培养良好的公民道德，做到——以德律己。

（媒体辅助：展示题目）

学生活动：分四个组，每组必答4题，抢答10题，评出优胜组。（题目略）

主持人：或许我们认为某些事情已是司空见惯的，已是熟视无睹了，甚至麻木了。可是只要仔细想想，就会发现这些事里有着许多与文明不合拍的东西。文明，就差这一点！

媒体辅助：展示几幅发人深思的漫画图片，指出社会上一些缺德的事例。

学生活动：参与讨论，联系实际列举我们生活中一些缺乏公德的例子。

主持人：文明始终是我们社会发展的主流。相信大家在平时也见过不少体现了我们良好道德素质的事情，下面就请同学们积极发言，谈谈你见过的好人好事，也可以提出你对道德方面某些事情的看法，或者谈谈你有何感受，或者说说我们该怎么办。

二、自律篇

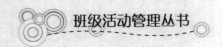

学生活动：参与讨论，踊跃发言。

主持人：我们已经听过了许多同学的精彩发言，可是，老师们又是怎么看的呢？下面就请老师也从老师的角度发表一下你的看法吧！

主持人邀请老师参与讨论。

主持人：我们的经济生活好起来了，物质条件充裕起来了。但是，你是否认为一个民族的进步含义就是指人们脱下破衣裳穿上洋装了呢？是否不仅吃米饭，还吃麦当劳的中国人就与世界接轨了呢？是否会讲一口流利的外语就能走向世界了呢？

主持人：当然不是。一个穿洋装却随地丢垃圾的人还是遮不住他的猴子尾巴，一个能讲一口流利外语却道德败坏的人依然是社会渣滓。同理，一个国家一个民族的真正强大，除了要有先进的物质文明，还要它的国民有良好的思想道德素质。

主持人：随着国家的发展，社会对人才的要求也日益提高。我们都希望为国家的富强贡献力量，可是仅有专业知识是远远不够的，我们还要具备良好的社会公德。只有这样，我们才是文明的现代人，我们的社会才是个文明的现代社会。

主持人：俗语有云，一滴水可以反映太阳的光辉。同样的，我们随便的一句话、一个动作乃至一个眼神，可能就在世界人民面前折射出我们中国人的文明程度，可能让人一眼就看透了这个民族的本质。我们要吸取刘海洋事件中的教训，努力提高我们的道德水平。正如刘颂豪院士所说的做一个在社会上"加分数"的高素质人才。因此，同学们，让我们从现在做起，从身边做起，以德律己。（画面：讲究公德，请从身边小事做起！）

班主任总结

同学们，大家都列举了一些日常生活中的缺乏公德的例子，也讲了一些值得我们学习的好人好事。在公德方面，我们班做得很好，比如：我们班的自习课纪律很好，每位同学都在认真学习；教室卫生整洁，有一个安静的舒适的学习环境；我们班的师生关系、同学关系很和谐，大家都合作

主题班会活动设计·道德教育卷

愉快；等等，这些都是日常生活中点点滴滴的小事，所有这些做法，看似简单，但体现了道德建设的真谛，就是从行为养成入手，公德本身并不是空泛的，而是具体的，这些具体的事情，似乎只是微不足道的小事，却展现着一个班、一个学校的学生的总体素质，展现着一个城市市民的总体素质，展现着一个地方公民的道德水平。要做一个合格的公民，就必须遵守社会公德，必须从身边小事做起，养成良好的行为习惯。让我们成为文明礼貌、助人为乐、爱护公物、保护环境的好公民，让我们的社会更加和谐、更加美丽。

（三）"我的行为我约束"主题班会

班会准备

《远离网吧》《追星》剧本准备及排练

班会过程

主持人男：各位老师，

主持人女：各位同学，

齐声：大家好！

主持人男：我们都是初中生，我们的肩上承载着祖国明天的希望。

主持人女：我们都是初中生，我们的身上寄托着父母、老师的期望。

主持人男：但是就是在我们当中，有个别同学的行为偏离了中学生行为规范，导致了一些不良现象的发生。

主持人女：虽然这只是极个别现象，但是防微杜渐很有必要。

二、自律篇

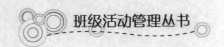

主持人男：经过我们班级全体班干部讨论，今天的主题班会课的主题是《我的行为我约束》。

主持人女：本次班会课由三个环节组成，即远离网吧；防止早恋；正确对待追星。

主持人男：希望通过小品表演，案例分析，同学们能从中得到警示。

齐声：我的行为我约束。

主持人女：下面第一个环节《远离网吧》，欣赏小品。

剧本《远离网吧》

第一幕：网吧

旁白：这是两位从网上认识的少年，彼此都是初中学生，女生不爱学习热衷上网聊天，男生厌学喜欢打游戏。他们从未谋面，几次网上聊天，彼此关系不错。这天，在约定的时间他们又一次在网上"见面"了。

陈吉：轻舞飞扬，还好吗？

朱安妮：嗯，一剑无痕，你在干吗呢？

陈吉：没，最近很无聊啊！

朱安妮：同感。

陈吉：那你出来玩吗？

朱安妮：没什么好玩啊，无聊透顶。哎……

陈吉：告诉你，最近公园山可好玩了，去吗？

朱安妮：我是想去，可是……

陈吉：哎呀，不用可是了，让我做哥哥的请客，我们玩个痛快，ok？

朱安妮：那好吧！

陈吉：晚上 7：00，公园山脚见，手拿《温州都市报》为记，不见不散！88！

朱安妮：那我先下了，88！

主持人男：这是同龄人之间因上网聊天而准备见面的一幕，看似平常，但是事情会怎样发展呢？我们拭目以待。

主题班会活动设计·道德教育卷

第二幕：阴谋

陈吉（头往后仰，满脸得意）：哈哈，一条大鱼上钩了！

李守赏：刚好，最近打游戏没有 money 了，该增加些收入了。

洪振格：那还等什么，我们准备准备，就向那女的下手！

陈吉：Let's go!

（三人同时奸笑）

第三幕：公园山下

旁白：时间已经是晚上七点了，在公园山下。

朱安妮手拿报纸，背着提包，站在公园山下，左顾右盼，看看手表满脸焦急。自言自语：怎么还没有来呢？

迎面走来三个人，边走边交头接耳。

陈吉：看到没有，目标就在前面，我们按计划行事。

其他二人同时点头，离开。

陈吉：轻舞飞扬，让你久等，走，那边好玩！

朱安妮满脸兴奋。

两人来到一个角落。

李守赏持刀上前：要命的，把钱拿出来。

朱安妮满脸恐惧望向陈吉求助。

陈吉露出凶相：看什么看，快交出来。

洪振格一个箭步拽走提包。

陈吉：走，晚上去潇洒。

三人勾肩搭背离去，留下朱安妮欲哭无泪……

主持人女：谢谢同学们精彩的表演。故事结束了，同学们就刚才发生的一幕，发表一下自己的看法，可以选择双方不同角度。

（同学发言）

主持人男：希望同学们要牢记刚才一幕，不要让自己重蹈覆辙，远离网吧，做一个合格的中学生。

主持人女：我们这种年龄正处于青春期，男女生之间开始产生好感。

二、自律篇

那么如何正确对待异性交往，班主任黄老师已经给我们做过专门讲座。

主持人男：是啊，让我们受益匪浅。下面我们再看两个案例，请大家谈谈看法。

出示案例：（略）

……

主持人女：请同学们发表自己的看法和见解。

（同学们回答）

主持人男：通过这一环节又使我们加深了如何正确对待异性交往的理解。

主持人女：是啊，我们要把宝贵的时间用在学习上，同学互相帮助，共同进步。

主持人男：下面请观看小品《追星》。

剧本《追星》

第一幕：家里

旁白：追星一族吴丹得知周杰伦要来灵溪开个人演唱会，兴奋地一路哼着周杰伦的歌曲回到了家。

王如颖正在厨房忙着做菜。

吴丹：妈，今天辛苦了，我来帮忙。

王如颖：呦，太阳从西边出来啦。有什么要求先提出来？

吴丹：周杰伦要来我们这里开演唱会了，我要一张贵宾票。

王如颖：多少钱？

吴丹：1280 元。

王如颖：吴丹，你知道妈正下岗……

吴丹：不，我不管。

白晨曦进来：阿姨，我来找吴丹看周杰伦演出。

吴丹：你看，晨曦也去看，我一定也要去看，否则我就离家出走，不回来了。

王如颖长长地叹了一口气："那，好吧！"

吴丹、晨曦齐呼："万岁！"

第二幕：教室

旁白：在两人看演出的同时，教室里正在上课而且已经快下课了。

李佳佳：同学们，刚才我们讲到鲁迅的文章《雪》中，江南的雪有什么象征意义没有？

李坤：象征美好的生活。

李佳佳：很好。（转身板书）

（吴丹、晨曦偷偷地溜进去，坐在位置上）

李佳佳：那么，我们回忆一下，作者鲁迅的原名是什么？哪里人？吴丹。

吴丹脱口而出：鲁迅原名周杰伦，台湾人。

同学们一阵哄堂大笑。

李佳佳：晨曦，你来说说？

晨曦（抓抓头）：好像就是周杰伦吗？

李佳佳（愤怒）：你们两个人下课到老师办公室来，下课！

主持人男：请同学们就这种行为发表自己看法。

（同学回答，略）

主持人女：是啊，我们中学生的任务是扎扎实实地学好知识，我们不能因为追星追得走火入魔，而荒废了学业。

主持人男：同学们，在班会课结束之时，我们在一起齐读一下"我的行为我约束"。

（同学齐读）

班会结束。

二、自律篇

三、理想篇

　　什么是理想？理想是人生的追求目标，是以客观可能性作为根据的关于未来的美好构思、设计或愿望。一方面，中学生处于思想启蒙的阶段，十分需要理想主义的引导。另一方面，目前我国青少年的内在价值取向已经呈现出自我化倾向。他们更加崇尚自我，集体主义和社会责任感日益减弱。突出表现为"以我为中心"，不愿为他人做好事，功利主义心态过强，缺乏责任感，公德意识差。在这样的情况下，更要加强理想主义教育。

　　理想信念是激励人们向着既定目标奋斗进取的不竭动力。有了崇高的理想信念，人们就会像添足燃料的船舰，迎着激流险滩，劈波斩浪地勇往直前。苏轼说，"凡是立大志者，不惟有超世之才，亦有坚韧不拔之志"。

　　理想信念是提高人生境界的保障。没有理想信念，一个人的境界就会失去核心和灵魂。古今中外一些著名的革命家、科学家之所以产生惊人的毅力和巨大的动力，能在十分艰苦的环境里战胜邪恶、克服困难，并获得事业上的成功，一个重要原因就在于崇高的理想信念是他们取之不尽，用之不竭的人生力量源泉。

名人论理想

理　想

流沙河

理想是石，敲出星星之火；
理想是火，点燃熄灭的灯；
理想是灯，照亮夜行的路；
理想是路，引你走到黎明。

饥寒的年代里，理想是温饱；
温饱的年代里，理想是文明；
离乱的年代里，理想是安定；
安定的年代里，理想是繁荣。

理想是珍珠，一颗缀联着一颗；
贯古今，串未来，莹莹光无尽；
美丽的珍珠链，历史的脊梁骨；
古照今，今照古，先辈照子孙。

理想是罗盘，给船舶导引方向；
理想是船舶，载着你出海远行；
但理想有时候又是海与天相吻的弧线，
可望不可即，折磨着你那进取的心。

理想使你微笑地观察着生活；
理想使你倔强地反抗着命运；
理想使你忘记鬓发早白；

三、理想篇

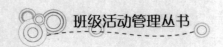
理想使你头白依然天真。

理想是闹钟，敲碎你的黄金梦。
理想是肥皂，洗濯你的自私心。
理想既是一种获得，
理想又是一种牺牲。

理想如果给你带来荣誉，
那只不过是它的副产品，
而更多地是带来被误解的寂寥，
寂寥里的欢笑，欢笑里的酸辛。

理想使忠厚者常遭不幸；
理想使不幸者绝处逢生。
平凡的人因有理想而伟大，
有理想者就是一个"大写的人"。

世界上总有人抛弃了理想，
理想却从来不抛弃任何人，
给罪人新生，理想是还魂的仙草；
唤浪子回头，理想是慈爱的母亲。

理想被玷污了，不必怨恨；
那是妖魔在考验你的坚贞；
理想被扒窃了，不必哭泣；
快去找回来，以后要当心。

英雄失去理想，蜕作庸人；
可厌地夸耀着当年的功勋；
庸人失去理想，碌碌终身，
可笑地诅咒着眼前的环境。

理想开花，桃李要结果；

理想抽芽，榆扬必有浓阴；

请乘理想之马，挥鞭从此起程，

路上春色正好，天上太阳正晴。

（一）　为中华之崛起而读书

1910 年，12 岁的周恩来随同伯父来到东北的沈阳，在当时的"奉天省官立东关模范两等小学校"读书。

新的学期开始了，学校的魏校长为了测验学生的学习目的在一次讲"立命"的修身课上，提出了一个严肃的问题：你们读书是为了什么？

有的同学回答："为明理而读书！"

也有的回答："为做官而读书！"

一些家境贫困的学生则回答："为挣钱，为吃饭，为不受欺侮而读书……"

还有一个鞋店老板的儿子说："为家父而读书！"引的全班同学一阵笑声。

校长对这些回答都不满意，脸色沉了下来，他走到新来的周恩来座位旁边，问道："周恩来，现在你来回答，为什么要读书？"

"为中华之崛起而读书！"周恩来庄重地回答。

由于周恩来是南方人，魏校长一时间没能听懂他的回答，于是周恩来又沉着、大声地重复了一遍："为中华之崛起而读书！"

这异乎寻常的回答，使魏校长为之一振，也使得整个教室鸦雀无声。校长万万没有想到这年幼的周恩来，竟有如此远大的抱负。老校长高兴

三、理想篇

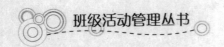

得连连点头称赞："好哇！为中华之崛起！有志者，当效周生啊！"

　　正是因为有了明确的学习目的和远大的理想，周恩来成为了中国第一任总理，更成为了备受世界人民景仰的一位时代伟人。而"为中华之崛起而读书"这句誓言，百年以来，一直在中华学子之间流传，成为他们共同的座右铭。

（二）　追求理想，始终不渝

　　一位女孩初中毕业之后为了减轻家庭负担放弃了心中的梦想，以优异的成绩考入卫校学医。在她读书的那个年代，读卫校不交学费而且每个月发放生活费。毕业后她被分配到一家医院上班。人们通常以为这位姑娘有了稳定的工作，接着有了自己幸福的小家，故事本该打住了。但有一年，她出人意料地办理了停薪留职，自费到一所大学脱产学习英语专业。她告诉人们，她最大的理想是在大学校园里读书深造，这次读书只是为了实现理想走的第一步。三年后，她顺利地拿到了大专文凭，回到原单位继续当她的医生。又过了两年，她通过自学考试拿到临床医学专业的本科文凭，此时她激动地对丈夫说："我完成了理想的第二步！我还要考研，读研究生才是我的目标！"

　　带着丈夫的支持与鼓励，从 1993 年开始，她毅然地踏上了考研之路。一次次地冲刺，一次次地失败，虽然其中也有过成功，但机会却与她擦肩而过。直到 2002 年，功夫不负有心人，她终于拿到了通往理想之门的钥匙。可是意外的事情发生了，她在参加完学校复试回家途中出了车祸，小腿胫腓骨骨折，为此她不得不休学一年，她说这是给了她幸福的令箭又不忘给她一个残酷的玩笑。

　　人们为她坚持不懈地追求理想的精神深深感动。如今，这位貌不出众但全身散发着刚毅的女医生，腿伤已痊愈，微笑着转身，沉稳地走进她的理想之门。可以说她是平凡的，但她用她的平凡告诉我们理想的伟大，她用她的意志向我们诠释着生命的无穷力量。

在我们生活的周围，有的人墨守成规，在环境的束缚下生活着；有的人牢骚满腹，报怨上天的不公，任凭环境改变着他们；也有的人为了心中的理想，让自己在困境中得到锤炼，从而不断地认识自己，完善自己。有理想的人生是有意义的人生，为了理想而奋斗的人生是有价值的人生。做一个有理想的人，给自己选择一个有价值的人生应该是我们始终的追求。

（三） 莱特兄弟的飞翔梦

多年前，一位贫苦的牧羊人领着两个年幼的儿子以替别人放羊来维持生活。

一天，他们赶着羊来到一个山坡。这时，一群大雁鸣叫着从他们的头顶飞过，并很快消失在远处。牧羊人的小儿子问父亲："大雁要往哪里飞?"

"它们要去一个温暖的地方，在那里安家，度过寒冷的冬天。"牧羊人说。他的大儿子眨着眼睛羡慕地说："要是我们也能像大雁一样飞起来就好了。那我就要飞得比大雁还要高，去天堂，看妈妈是不是在那里。"小儿子也对父亲说："做个会飞的大雁多好啊！那样就不用放羊了，可以飞到自己想去的地方。"牧羊人沉默了一下，然后对两个儿子说："只要你们想，你们也能飞起来。"

两个儿子试了试，没有飞起来。他们用怀疑的眼神瞅着父亲。牧羊人说，让我飞给你们看，于是他飞了两下，也没飞起来。牧羊人肯定地说："我是因为年纪大了才飞不起来，你们还小，只要不断努力，就一定能飞起来，去想去的地方。"

儿子们牢牢记住了父亲的话，并一直不断地努力，他们长大以后，果

三、理想篇

然飞起来了。他们发明了飞机，他们就是美国的莱特兄弟。

（一） 理想教育主题班会

主题班会活动设计·道德教育卷

班会准备

1. 学生准备歌曲《希望》《最初的梦想》《明天会更好》。
2. 排练小品《面试》。
3. 制作幻灯片。

班会过程

（播放歌曲《水手》，营造气氛，主持人提出理想含义。）

主持人（男）：尊敬的老师们！

主持人（女）：亲爱的同学们！

主持人（合）：大家好！

主持人（男）：伴随着这首激动人心的《水手》拉开了我们"理想教育"主题班会的序幕。

主持人（女）：理想是个诱人的字眼。

主持人（男）：理想是灯塔，指引人生前进的方向，照亮人生前进的路程。

主持人（女）：一个没有理想的人，就像鸟儿没有翅膀，就像打桩的没有准备。

主持人（男）：没有理想，就没有坚定的方向，没有坚定的方向，就没有生活。

主持人（女）：罗勃朗宁曾在他的《索尔》中说过，人类的伟大不在于他们在做什么，而在于他们想做什么。

主持人（男）：福尔摩斯也说，世界上最重要的事，不在于我们在何处，而在于我们朝什么方向走。

主持人（女）：上面所讲的"想做什么"、"朝什么方向走"指的就是我们头上的一颗指路明星——理想。那么，什么是理想？（同学们答：理想就是对未来的向往和憧憬。）引出理想的含义。

主持人（男）：现在请听诗歌朗诵《理想》，表演者——夏妍妍、杨晗、姜楠。

主持人（男）：真好听，每个人都有一个理想，下面请同学们说说自己的理想。（同学们畅所欲言，有的说长大后要成为科学家，有的说要成为美容师，有的要成为教师……）

主持人（女）：对，只要我们从小树立，并为之不断地努力，我们的理想就一定能实现！现在请听马和平等人表演小品三国名人的理想。

主持人（女）：有了理想就有了希望，现在请听陈芸芸等人的《希望》。

主持人（女）：同学们韩剧《大长今》中，长今为了实现自己心中的理想，不怕辛劳，历尽千辛万苦，克服种种困难。那么同学们，你认为自己该为实现理想做什么？

主持人（男）：我想我们的同学们心中早就有答案了，请同学们说说好吗？

同学1：我要珍惜每一分每一秒的时间，不让自己有后悔的一刻；

同学2：树立远大的理想，并为之不断地努力；

同学3：要有吃苦耐劳的精神，不为困难所吓倒；

……

主持人（女）：是啊，我们必须从今做起，为自己理想的实现而努力。

主持人（男）：不仅仅这样，我们还要把自己的理想和前途与祖国的

三、理想篇

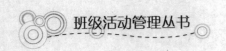

命运和前途结合起来，2008年北京将要召开奥林匹克运动会，而上海在2010年也要召开世博会，到那个时候正是我们发挥聪明才智的时候，我们应该从现在起，确定目标，努力学习，为中华民族的伟大复兴而贡献自己的青春与才华。

主持人（女）：据我所知，我班高文盖和戴蓓蓓同学就是这样的人才呢！

主持人（男）：不错，请欣赏他们的小品《面试》。

主持人（女）：真是有趣极了，你们知道小品说明了一个怎样的道理吗？

（同学们答：略。）

主持人（男）：主题班会进行到这里，让我们来玩个游戏轻松一下。

主持人（女）：对，我们在上课前听到《水手》这首歌，看谁把其中重复多遍的歌词记下来了。

一同学：他说风雨中，这点痛算什么，擦干泪不要问为什么。

主持人（男）：对，下面请同学们说一说"风雨"和"痛"是指什么？

甲同学：我认为"风雨"是指崎岖的人生道路，"痛"是指挫折和失败。

乙同学：我觉得"痛"还可以指逆境、困难。

主持人（女）：是的，歌词告诉我们，无论学习、生活中我们都会碰到的挫折、失败或困难，但我们必须勇往直前，不畏艰难险阻，才能实现自己的理想。

主持人（女）：收获的季节是欢乐的，但它必须以付出汗水为前提，我想每个人的奋斗过程都会有一个激励自己前进的座右铭。

主持人（男）：是啊，18岁的刘欧已是北京大学化学与分子工程系的一名学生，15岁时他已成为首批进入国家重点实验室的中学生，他一直以"机遇对于每个人都是均等的，而成功者往往善于抓住机遇"自勉，这是他获得成功的重要因素之一。那么，在座的同学们，你们的座右铭是什么呢？

主持人（女）：请同学们踊跃回答。

主持人（男）：同学们的发言是认真的，是对理想追求的一种执着，我相信，同学们有了时时激励自己的座右铭，理想是一定可以实现的。

主持人（女）：我们在不同年龄有不同的理想，每个人都有一个最初的梦想，现在请黄欣等人演唱《最初的梦想》。

主持人（男）：同学们，理想有近期高远之分，还可以分为职业理想、道德理想、人生理想。现在最迫切的理想是期末能考个好成绩，我想每个人心中都有一份期末理想了吧。

主持人（女）：我很开心！同学们对理想的实现都充满了信心。下面让我们来齐唱《明天会更好》。

歌曲《明天会更好》（略）

主持人（男）：歌声是美好的，悦耳动听的。时间是有限的。

主持人（女）：天下没有不散之筵席。

主持人（男）：班会无限好，只是近铃声。

主持人（女）：我想，大家通过这次班会，定会树立远大理想，创世纪辉煌，为自己的人生书写一首不朽的诗篇。

主持人（男）：现在有请我们的班主任作总结，掌声欢迎。

班主任总结

首先很感谢为这次主题班会的准备付出了辛勤劳动的同学们！本次班会同学们都表现得很积极、主动，能大胆地畅谈自己的理想，树立自己的信心，看到你们自信的表情，听到你们充满豪情的语言，我相信，你们的理想一定能实现。是的，理想是还没有实现的东西，是对未来的美好憧憬和希望，这就要求我们好好把握今天，努力学习，打下坚实的知识基础，才能拥有美好的明天。理想实现的前提是把握人生。把握人生，不是一天两天，也不是一年两年，它需要一个人用一生的时间，需要几十年如一日的耐力、恒心与毅力。更多的时候，把握人生的关键是要培养自己的习惯，坚持自己的原则。而顽强的毅力可以征服世界上任何一座高峰，恒心与毅力，在征服的过程中必不可少。

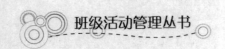

命运靠自己主宰，人生由自己把握。臧克家说过："青年是宝藏，青年是黄金；宝藏要挖掘，黄金要熔炼。"而人生最好的淘金者和冶金人便是自己，把握人生，让自己的年轻发挥极致。

（二）"我们的理想，我们的未来"主题班会

班会准备

1. 布置同学们写一篇关于理想和未来的周记，班主任老师逐一进行面批，点评，提出修改意见。

2. 召开班干部会议确定班会主题及班会形式，班会主题为"我们的理想，我们的未来"，班会开展形式为在多媒体教室，用电脑大屏幕辅助开展。

3. 确定主持人，选好节目题材，确定节目编排人员，确定节目表演人员。

4. 主持人编写台词，编稿人员进行编稿和修正，表演人员进行排练。

5. 同学们利用所学计算机专业知识共同参与班会课件的设计，让学生充分发挥他们在计算机应用方面的特长。

6. 布置班会会场。大屏幕上显示班会主题："我们的理想，我们的未来"。

班会过程

A：各位老师、各位同学，你们好！

B：我们每个人都有自己的理想，自己的追求，都有我们为之奋斗的目

主题班会活动设计·道德教育卷

标，在今天这个短暂的时间里，让我们畅谈理想，展望我们的未来。

A、B："我们的理想，我们的未来"主题班会，现在开始。

A："理想"是一个崇高的字眼，它犹如浩瀚海洋中的灯塔，为我们指明前进的方向。

B：生活中常常可以发现，在同样艰苦的条件下，有的人萎靡不振，虚度光阴；有的人不畏艰难，勇往直前，这是为什么呢？是理想和意志在起作用。

A：有抱负的人在别人叹息、厌世、游荡、玩乐的时候却挥汗耕耘。

B：世界上有大量歌颂理想和立志的警句。下面我们来玩一个游戏，请同学们猜猜名句作者是谁。

节目1：名人的故事和警句

1. 三军可夺帅也，匹夫不可夺其志。（孔子）

2. 志当存高远。（诸葛亮）

3. 青年应立志做大事，不应立志做大官。（孙中山）

4. 没有远大抱负的人，他的生活缺乏伟大动力，自然不能盼望他有杰出成就。（华罗庚）

5. 有志者，事竟成。（范晔）

6. 最困难之时，就是离成功不远之日。（拿破仑）

7. 世界上最快乐的事，莫过于为理想而奋斗。（苏格拉底）

8. 过去属于死神，未来属于自己。（雪莱）

9. 20世纪初沈阳一所小学。校长问同学们："你们为什么读书?"课堂上顿时寂静无声。过了片刻，一个同学毕恭毕敬地站起来回答："读书为了寻求生路。"话音刚落，另一位同学说："为了光宗耀祖！"这时，一位同学从座位上站起来。他，浓眉大眼，昂首挺胸，大声回答道："为了中华民族之崛起，腾飞于世界而读书。"当时这位少年年仅12岁，请问这位少年是谁？（周恩来）

A：我们班的同学真是厉害！知道得还真不少！

B：光知道还不行，我们还要向这些伟人好好学习。

A：是呀！现在我们的学习条件是多么优越呀！近来学校又投资近200万为我们修建操场，美化校园……

B：好了，好了。咱们也别多说了，还是听听他们的吧！

C：好，下面请大家欣赏，三句半《我们的生活》。

（电脑屏幕显示节目名称）

节目2：三句半《我们的生活》

A：你觉得刚才的节目怎么样呀？

B：太好了，听完他们说的，我觉得我们的生活实在是太幸福了。

A：可你知不知道，在咱们中国刚建立的时候，有许多人连温饱这么低的生活水平都无法达到。

B：这是为什么呀？

A：因为当时的中国是一个科技落后，农业产量根本无法满足这么多人吃饭问题的国家。

B：这可怎么办呀？

A：好在这时有一个人，研究、培育出了一种新的水稻品种，大大提高了粮食产量，在一定程度上解决了人们的温饱问题。

B：这个人是谁呀？

A：想知道吗？下面请看小品《名人访谈》。

节目3：《名人访谈》

（此小品再现了记者采访袁隆平的场景，并在表演时显示当时记者采访画面）

A：大家听了袁隆平的故事一定感触颇深吧，我认为，理想是人奋斗的目标，是人生活的希望，没有理想的青春，就像没有太阳的早晨。没有理想的人，就像一台没安马达的机器。

B：你说的不错，对我们青年人来说，理想就更重要了，因为我们是祖国的未来，如果我们胸无大志，那我们的国家未来就没有希望了。现在，让我们听听学习委员的理想。

节目 4：畅谈理想

请 3～5 名同学说说自己的理想。

A：听了这些同学的理想，我觉得我们更应该为自己的理想而努力。

B：是呀！在此让我们祝愿他们的理想都能够实现，也希望我们每个人都能够实现自己的理想，让我们一起为自己的理想努力吧！

A：下面请听歌曲《真心英雄》。

节目 5：《真心英雄》小合唱

A：听听歌写的多好呀！"不经历风雨怎么见彩虹，没有谁能随随便便成功！"

B：没错！21 世纪是一个充满竞争的世纪，没有人能不经过努力而获得成功。我们作为新世纪的青年，可不能"少壮不努力，老大徒伤悲"呀！

A：对！下面请听诗朗诵《我们是新世纪的太阳》。

节目 6：我们是新世纪的太阳（四人配乐朗诵）

A：说得多好呀，我们是新世纪的太阳，我们是未来的希望，畅想多年后我们在各自的工作岗位上取得的成绩，所作的贡献，那该是多么幸福呀！

B：是呀！那我们就来看一看未来的我们会是怎么样的，请大家欣赏小品《二十年后的我们》。

节目 7：小品《二十年后的我们》

（小品即将结束，主题班会主题歌响起，和着台上表演者，全班师生一起唱起）

《我的未来不是梦》（电脑大屏幕显示歌词，放映音乐）

（音乐结束，大屏幕显示放大的集体照）

A：同学们，当你在深夜挑灯夜读时，想想你的理想，你会觉得有无限动力；当你遇到难题时，想想你的理想，你会觉得它只不过是海上小小

三、理想篇

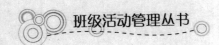

的礁石；当你早晨准备踏上征途时，想想你的理想，你会觉得它像晨光一样光明！

B：让我们大家为了我们的理想，为了我们的未来，为了二十年后的再次相聚奋斗吧！

班主任总结

同学们，古今中外在事业上有成就的人为我们提供的一条基本的经验是：千里之行，始于足下。成功是由一个个目标的不断实现而积累起来的。努力从今日始，就能一步一步登上高峰，欣赏壮丽的景色；努力从今日始，就能爬上树梢，品尝最甜美的果实；努力从今日始，你们就能踏入人生最辉煌的圣殿。我祝愿大家多努力，再努力，战胜成长道路上的一个个难题，为了我们二十年后的相聚，多创佳绩！

四、诚信篇

孔子说:"人而无信,不知其可"。崇尚诚信是中华民族的传统美德,但现实状况并不令人满意。青少年作为祖国的未来和希望,其诚信状况,不仅影响着自身的心理素质发展,还关乎社会生活的秩序,关乎民族和国家的希望。"以诚实守信为荣、以见利忘义为耻"是"八荣八耻"内容之一。因此,当前加强对青少年诚信文明的指导具有划时代的意义。

诚信即诚实且守信,它既是根植于个体内部的道德品质,也是在生活中表现出来的与此一致的文明行为。它包括两层含义:一是要以诚实取信于人;二是对他人和社会要给予信任。它是人与人、人与社会之间相互关系的基础性道德规范和行为准则。

通过主题班会,使中小学生了解诚信的基本内容,懂得诚信是做人的基本准则,增强学生法律意识和诚信意识,提高守法、守规的自觉性,牢固树立守信为荣、失信可耻的道德观念,从小立志作讲诚信、讲道德的人。

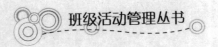

关于诚信的格言

轻诺必寡信，多易必多难。

——老子

人而无信，不知其可也。

——孔子

言必信，行必果。

——孔子

自古皆有死，民无信不立。

——孔子

言不信者，行不果。

——墨子

诚信者，天下之结也。

——墨子

诚者，天之道也；思诚者，人之道也。

——孟子

小信诚，则大信立。

——韩非子

人之所助者，信也。

——《周易》

不宝金玉，而忠信以为宝。

——《礼记》

丈夫一言许人，千金不易。

——《资治通鉴》

马先驯而后求良，人先信而后求能。

——《淮南子》

惟诚可以破天下之伪，惟实可以破天下之虚。

——薛瑄

人背信则名不达。

——刘向

进学不诚则学杂，处事不诚则事败，自谋不诚则欺心而弃己，与人不诚则丧德而增怨。

——程颢

以诚感人者，人亦诚而应。

——程颐

人无忠信，不可立于世。

——程颐

精诚所至，金石为开。

——王充

祸莫大于无信。

——傅玄

不须犯一口说，不须着一意念，只凭真真诚诚行将去，久则自有不言之信，默成之孚。

——吕坤

内不欺己，外不欺人。

——弘一法师

我们应该顺其自然，立在真实上，求得人生的光明，不可陷入勉强、虚伪的境界，把真正人生都归幻灭。

——李大钊

自以为聪明的人，往往是没有好下场的，世界上最聪明的人是老实的人，因为只有老实人才能经得起事实和历史的考验。

——周恩来

千教万教教人求真，千学万学学做真人。

——陶行知

四、诚信篇

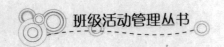

少说空话，多做工作，扎扎实实，埋头苦干。

——邓小平

一个人最伤心的事情无过于良心的死灭。

——郭沫若

诚信为人之本，是能在世界新潮流中游泳，不被淹没的力量。

——鲁迅

你必须以诚待人，别人才会以诚回报。

——李嘉诚

没有诚实何来尊严。

——西塞罗

当信用消失的时候，肉体就没有生命。

——大仲马

失足，你可能马上复站立；失信，你也许永难挽回。

——富兰克林

真话说一半，常是弥天大谎。

——富兰克林

真诚是一种心灵的开放。

——拉罗什富科

说谎话的人所得到的，就是即使再说真话也没有人相信。

——伊索

诚实比一切智谋更好，而且它是智谋的基本条件。

——康德

诚实是智慧之书的第一章。

——杰弗逊

如果要别人诚信，首先要自己先诚信。

——莎士比亚

老老实实最能打动人心。

——莎士比亚

诚实是人生的命脉，是一切价值的根基。

——德莱塞

失去了诚信，就等同于敌人毁灭了自己。

——莎士比亚

诚实的人必须对自己守信，他的最后靠山就是真诚。

——爱默生

诚实和勤勉，应该成为你永久的伴侣。

——富兰克林

生命不可能从谎言中开出灿烂的鲜花。

——海涅

诚实是力量的一种象征，它显示着一个人的高度自重和内心的安全感与尊严感。

——艾琳·卡瑟

虚伪的真诚，比魔鬼更可怕。

——泰戈尔

工作上的信用是最好的财富。没有信用积累的青年，非成为失败者不可。

——池田大作

意志薄弱的人，一定不会诚实。

——拉罗什夫利

要我们买他的诚实，这种人出售的是他的名誉。

——沃夫格

信用是难得失的，费十年功夫积累的信用，往往由于一时的言行而失掉。

——池田大作

我宁愿以诚挚获得一百名敌人的攻击，也不愿以伪善获得十个朋友的赞扬。

——裴多菲

四、诚信篇

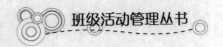
欺人只能一时，而诚信才是长久之策。

——约翰·雷

人类最不道德处，是不诚实与懦弱。

——高尔基

走正直诚实的生活道路，定会有一个问心无愧的归宿。

——高尔基

真诚与朴实是天才的宝贵品质。

——斯坦尼斯拉夫斯基

诚信典范

（一）曾参杀猪的故事

曾参是孔子的学生，他在教育子女时，不仅严格要求孩子，自己也是以身作则。

有一天，曾参的妻子要外出办事。在一旁玩耍的儿子，赶忙跑上前去，扯着母亲的衣襟，又哭又闹，吵着也要去。曾参的妻子怕年幼的儿子走不动路，不愿意带他。可是又被儿子缠得没有办法，只好哄孩子说："好孩子，你还小，留在家里好好听话。等我回来，我把咱家那头肥猪杀了给你吃。"

儿子一听止住了哭声，眨了眨眼睛，认真地问："是真的吗？"母亲只得又点了点头。儿子的脸上露出了微笑，蹦跳着跑到一边玩去了。这一切，都被站在旁边的曾参看在眼里了。

曾参的妻子从街上回到家里，只见曾参正拿着绳子捆家里的肥猪，身旁还放着一把杀猪的刀子。妻子一见慌了，急忙上前拉住曾参，着急地说："你这是疯了，我刚才是被儿子缠得没有办法了，才故意哄哄他，只不过是说着玩的，你怎么当起真来了？"曾参严肃地说："你做母亲的，不能欺骗孩子。小孩子啥也不懂，只会学着父母的样子，听从父母的训教。今天，你说不算，答应孩子的事不去做，哄骗了孩子，就是教孩子也去讲假话，去欺骗人。做母亲的欺骗儿子，儿子觉得母亲的话不可信，以后即使再对他进行教育，他也难以相信母亲的话了。这样做，怎能把孩子教育好呢？"

妻子听了，觉得丈夫的话句句有理。她佩服丈夫这种真诚对待孩子，说一句，算一句，精心培养孩子诚实品德的高尚行为，高兴地跟丈夫一起给儿子杀猪去了。

做个说话算数的家长，的确对孩子良好品德的培养有着积极的作用。曾参杀猪教子的感人故事，对于今天的人们来说，也同样是个有益的启示。

（二）华盛顿与樱桃树的故事

乔治·华盛顿是美国的第一任总统。在华盛顿出生时，父亲为他种下了一颗樱桃树，这是为了纪念华盛顿的诞生而栽种的，很有意义，因此父亲很珍惜这棵树。

有一天，华盛顿打算做一把小木枪，于是他拿起锯子、斧子，找了一棵容易砍倒的小树，把它锯倒了。哪知道锯的正是那棵父亲最心爱，最珍惜的樱桃树，这下可闯了大祸。

父亲回来，知道了这件事，大发脾气，质问是谁干的。华盛顿躲在屋子里，非常害怕。他想了想，还是勇敢地出来，走到父亲面前，带着惭愧的神色说："爸爸，是我干的。"

没想到父亲一把抱住华盛顿，说："爸爸原谅你，孩子。承认错误是英雄行为，它要比一千棵樱桃树还有价值。我宁可失去一千颗樱桃树，也不愿看到你撒谎。"

四、诚信篇

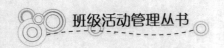

（三）一诺千金，十年还债

2007 年 9 月，广东省潮州市饶平县御州镇电视台曾播出了一则寻找 10 年前老债主的启事，通知债主凭身份证和借条前往领回欠款。这份寻找老债主的启事是一位名叫林志林的 67 岁的老人发出的。

林志林初中毕业后务过农、当过裁缝、修过单车。改革开放后，他打出 11 年老裁缝的招牌，办起了缝纫学习班，赚到了"第一桶金"。后来他开了一间单车电器店、一间日用百货。就在生意最红火的时候，林志林和 4 名合伙人一起到深圳和惠州办起了养殖场。可惜，碰上了台风，虾蟹大量死亡，100 多万元的投资化作泡影。而这些钱，不少是林志林从朋友、亲戚处借来的。

林志林说，那时，大家认定他信誉好，亲戚朋友都很放心地把血汗钱攒下借给他，好多人借钱时硬是不让他打借条。林志林一共欠下 137 万多元的债款，其中打下借条的有 111 人，没有打借条的债款达 29 万多元。

1997 年 12 月，林志林把家里的现钱大都用来还邻居的零星欠款，他带着老母亲及妻儿等，仅揣着几百元一夜之间消失了。

离家后的第六天，林志林主动打电话通知债主，让他们到法院起诉他，通过法院拍卖其家产以补偿债主的损失。他又主动与饶平县人民法院联系，表示愿意拍卖财产以偿还债务。之后，法院拍卖其财产偿还了 55 名起诉债主的 176148 元债务。而 111 名债主中足足有一半的人没有起诉他，他们仍相信林志林这个人非到绝境不会吞了这笔钱。

此后，林志林带着一家人到了汕头，10 年间一共搬了 13 次家。林志林每次搬家最怕丢失的就是那些借条，他担心借条遗失，还手抄了两本明细清单像宝贝一样藏着。

林志林在汕头举步维艰，两年前，他进了一家工厂当车间管理员，每月收入 2500 元，可是刚做了一两个月，就因为年纪大被辞退了。

10 年间，有数次债主上门追债，林志林都倾尽所有还债。为了生计，林志林的大儿子在汕头打工，小儿子和儿媳上北京打工。小儿子知道自己家庭的处境，一心想要替父还债。经过努力奋斗，他从每月赚 500 元的打工仔变成一家汽车美容店的小老板。他们夫妻俩商量好了，在还清欠款之前，他们不会考虑生小孩。

2007 年 9 月，林志林的小儿子带着 10 年来的积蓄回到汕头，他准备帮父亲把 10 年来的还债大事给办了。父子俩一起回到离开了 10 年之久的家乡御州镇，先还清了 29 万多元的无借条债务。

为了不漏掉一名债主，父子俩从 9 月 26 日起连续 3 天在电视台发布启事，请当初已经起诉的债主到法院领钱。

当听到林志林父子要饶平县人民法院帮忙，发放当初那些尚未还清的欠款时，法院工作人员都愣了。按照法律规定，通过拍卖林志林财产所得，偿还了起诉人的部分债款，此案早已结案，林志林完全可以不偿还这部分欠款。但林志林坚持说，他还清的不止是钱，还有良心债。

诚信主题设计案例

（一）"明礼为先，诚信为本"
主题班会

班会准备

1. 多媒体播放系统，《金斧头的故事》

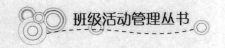

2. 小品道具

班会过程

（多媒体播放《金斧头的故事》，主持人配合画面讲述这个故事。）

主持人甲：相信这个故事大家一定不会陌生。一个小男孩在湖边遗失了一把砍柴用的铁斧子，他着急地哭了，这哭声引来了湖里的老龙王，龙王答应替他找回斧子。第一次，龙王捞上来一把金斧头，男孩摇摇头；第二次，龙王捞上来一把银斧头，男孩又摇摇头；第三次，龙王捞上来一把铁斧头，男孩高兴地笑了。他连声感谢老龙王，老龙王也连声夸奖他是个诚实的孩子。

主持人乙：五千年，文明史，礼仪邦，德至上；国之魂，民之本，仁义礼，诚信善。明礼为先、诚信为本是做人的重要原则。古人将明礼之人称为"谦谦君子"，将诚信之人赞为"一诺千金"。作为炎黄子孙、龙的传人，继承祖先的优良传统是我们责无旁贷的使命。

主持人甲：今天，我们将在这里共同讨论"明礼诚信"这一古老深远又极具现实意义的话题。

主持人乙：今天我们在这里将要成立一个"诚信银行"，在座的各位都是"储户"，我们今天的表现都将在"诚信银行"中存入"诚信元"，会后我们将统计一下谁的"存款"最多，推举出我们身边的诚信大富翁。

小品表演：当我在路上捡到……

甲和乙是一对好朋友，一天，两人在上学路上捡到了一个皮包，发现里面有护照、支票簿、人民币、外币若干。两人不假思索地按照护照上的联络方式和失主取得了联系，将皮包完璧归赵，并婉言谢绝了失主给他们的奖金。

又一天，两人刚准备走出学校，发现地上有一支笔。甲将笔捡起来，对乙说："这是谁的笔？还挺漂亮的。"乙回答道："管它是谁的，我们捡到了，就是我们的了。"甲点了点头，很自然地将笔装进了书包。

主持人甲：其实生活中，我们经常有这样的曲解，好像只有捡到数额巨大的钱款归还了失主才叫拾金不昧，捡到一支笔、一块橡皮、一把尺子等，不归还也没什么大不了的。

主持人乙：记得刘备曾经教导他的儿子"勿以善小而不为，勿以恶小而为之"。其实，人们的道德修养就是在这一点一滴中逐渐培养起来的。

自评储蓄

游戏：找朋友

主持人甲：接下来我们来进行一个游戏——找朋友。

游戏规则：随机发给每位同学标有 A、B、C、D 的卡片（不允许传阅），以此将同学分为 4 组。指定 2 位组长，组长必须在 1 分钟之内在不知情的情况下找到自己的组员。组长可以在 1 分钟之内对所有同学发问，但每次只能问 1 个同学 1 个问题：你是×组的吗？而参加的同学在游戏进行期间不得说话、不得提示本组组长，如果遇到组长询问只能回答"是"或"不是"。游戏终了，以找到组员人数的多少分别给该组每个组员存入 10 ~ 40 诚信元。（诚信冲突：为了本组胜出，组员可能会对组长做出某种提示，也可能当他组的组长问及自己的时候谎称自己是。这些都会造成一些诚信冲突。）

游戏进行：略

主持人甲：宣布结果（通过欺骗手段取得胜利将减去相应人数的组员）

主持人乙：评论……

现场采访：校园"随手扔"现象

利用多媒体手段展示一些反映"随手扔"现象的图片。

主持人甲：我相信大家对这些图片应该不会感到陌生，因为这些现象就是发生在我们身边的。在这里，我想听听大家对这些现象的看法。

学生讨论：略

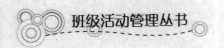

主持人乙：其实，只需要多走几步路，只需要一个简单的弯腰，这些现象就可以避免，那么就让我们从现在做起，看看你的周围是否有纸张，如果有，就麻烦大家做一个弯腰运动，我们共同来维护身边的良好环境。

自评储蓄

校园 AB 剧：迟到（两个同学表演）

第一段：（乙背着书包急匆匆地上场，甲从后面追上）

甲：哎，你等等我，走那么快干嘛？

乙：就快上课了，我们要迟到了。

甲：你平时不是挺准时的嘛，今天怎么也成迟到一族了？

乙：昨天作业中一道数学题巨难，开夜车了。

甲：标准的书呆子。昨晚有《天下足球》，嘿，那叫一个精彩。

（上课铃声响了，甲、乙迟到了。）

主持人甲：大家对"迟到"这个词应该不陌生了，我想问问大家，你迟到过吗？是什么原因迟到的？（可以现场采访，学生发言。）刚才好几个同学都谈了自己迟到的原因，譬如堵车、车坏了、睡迟了……这些都是客观因素，我们能不能从自己的主观来找找原因呢？（继续采访）

主持人乙：迟到，无论如何都不能算是一件好事，守时才是一种美德，它是对别人的一种尊重，对承诺的一种兑现，也是诚信的表现。其实，诚信从来就不是一句口号，它需要我们从身边的点点滴滴做起。

第二段：（校门口，丙扮值勤老师，在校门口踱步。乙还在往前走。）

甲：（一把拉住乙，往后缩了缩）傻瓜，有老师！

乙：已经上课了，再不进去就来不及了。

甲：班级纪律分如果被扣了，就拿不到评比优胜了，那就给咱们班抹黑了。

乙：可是……

甲：别可是了，要走你走，我等会儿再进去。

主题班会活动设计·道德教育卷

（乙看看老师，又看看甲，还是往前走去。）

甲：傻瓜，真是笨到家了。

（乙被丙拦住。）

丙：这位同学，你迟到了，请登记！

乙写下自己的名字，走进校门。丙也离开了。甲从藏身之处出来，然后，猫着腰迅速地冲进了校门。

主持人甲：这真是一个难题，迟到了不仅要被老师批评，而且还得使得自己班级扣分，我不知道在座的同学们有没有碰到过类似的难题，如果你迟到了，在校门口，你会如何选择呢？

学生现场讨论，略

老师点评，略

自评储蓄

主持人甲：正如赵老师讲的那样，道德风范见诸每个人的一言一行，它要求每个公民增强实践道德基本要求的自觉性，增强道德建设的责任感，人人参与道德建设，人人自觉实践道德基本要求。作为新时期的中学生，我们更应走在时代的前沿，走在道德建设的前沿。

主持人乙：我知道在我校开展"明礼诚信"主题活动中，同学们有很多的心得体会，同学们通过各种形式表达了自己对"明礼诚信"的理解，在这里，我们也给同学们准备了一个舞台，接下来就请同学们上台来展示自己的作品。

学生展示：（略，同学们可以展示自己的书画作品和小报，可以展示自己制作的"道德卡"，可以讲发生在自己身边的诚信故事，并将自己的作品现场赠送给与会的来宾和同学。主持人可现场采访展示的同学，要其简要阐述创作的初衷和想表达的意图等。）

主持人甲：不久前，我们学校部分老师和同学作为友好使者出访日本冲绳那霸市。在日本，学生们是如何开展"明礼诚信"教育的呢？今天，我们也请到了赴日本访问的老师和同学，现在我们就请他们为我们讲讲在异国他乡的见闻。

嘉宾参与讨论，略

四、诚信篇

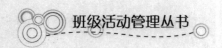
主持人乙：宣布"诚信银行"储户的储蓄金额，并公布今天现场的"诚信大富翁"。

主持人甲：今天，我们在这里举行这场聚会，同时也见证我们班"诚信银行"的正式挂牌。（事先挂在黑板上方的横幅放下，上书"热烈庆祝××班'诚信银行'开业"）今天，同学们已经在自己的"户头"中存入了第一笔诚信存款，今后，大家还可以通过自己的文明礼仪行为继续为你们的户头增加储金。如果，有一天你遇到了困难，你可以支取自己的"诚信储备"，获得老师和同学的帮助。我在这里祝愿同学们都能早日成为"诚信大富翁"。时间不早，班会刚好，让我们一起来唱首道德歌，共同迈向美好的明天！

全班同学合唱道德歌，在歌声中，主题班会结束。

（二）"诚实守信"主题班会

班会准备

1. 小品《诚信摆渡人》剧本以及相关道具
2. 诚信故事集

班会过程

主持人：诚实守信自古以来一直都是中华民族的传统美德。诚实，即忠诚老实，就是忠于事物的本来面貌，不隐瞒自己的真实思想，不掩饰自己的真实感情，不说谎，不作假，不为不可告人的目的而欺瞒别人。守

信，就是讲信用，讲荣誉，信守承诺，忠实于自己承担的义务，答应了别人的事就一定要去做到。但是在现代社会中，诚实的人往往被人误解，会说谎的人却能事事顺利。日常生活中不诚信的社会现象越来越多见，有的人甚至还以不诚信、会欺骗而沾沾自喜。那么我们究竟还要不要坚持诚信，作为中学生又应该如何坚持诚信，如何学会保护自己战胜欺诈呢？

今天我们全班同学特以"诚实守信"为题召开此次主题班会活动。下面先请小品《诚信摆渡人》。

小品《诚信摆渡人》

人物介绍：坐船人（学生甲扮演），这是一个功成名就、自命不凡的年轻人。

老艄公（学生乙扮演），一位须眉皆白，头戴草帽，手拿烟斗，神情悠闲的长者。

旁白：当我经过漫长的人生跋涉，走到这个渡口的时候，我可以非常自豪地说我这一生是成功的！我肩上的七个行囊（分别由七位同学扮演）装满了"健康"、"美貌"、"机敏"、"诚信"、"才学"、"金钱"、"荣誉"。

坐船人：劳驾船家，摆渡过江多少钱？

老艄公：一口价，三个铜钱，包你安全到岸！

（开船不久，江面上开始起风浪）

老艄公：（叹了口气）唉，船小负重，客官要丢弃一个行囊。

坐船人：（面露难色）这……哪一个不是我辛劳所得，我怎舍得？

老艄公：有弃有取。

坐船人咬紧牙关，把"诚信"抛进了水里。

老艄公一愣，面露失望之色。

（过了一会儿，风平浪静）

坐船人：（面露喜色）老人家，趁着浪小，快快摇船吧！

老艄公瞥了一眼坐船人，径直走到船头。

老艄公：要我摇船可以，不过要用你的一袋"金钱"来充当船费。

坐船人：你……（气得说不出话来，但四周水天茫茫，何处是岸？只

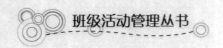

得把"金钱"扔给老艄公)

（行了不久）

老艄公：（摇头叹气）哎呦，人老了，没力气摇船——除非你把"健康"给我！

坐船人：事到如今，我就把"健康"给你。

老艄公：年轻人，你好人做到底，连同那几个行囊一起给我吧！

坐船人：你……真是贪得无厌，为何如此不讲诚信？

老艄公：（大笑）"诚信"？你不早将"诚信"抛入水中？

坐船人无奈。

老艄公"扑通"一声跳入水中。

坐船人后悔莫及。

老艄公：年轻人，我帮你把"诚信"捞回来了，记住，从今以后，无论如何也不要把"诚信"抛弃。

坐船人：（惊喜交加）你是……

老艄公：（指着自己）我就是"诚信"。"诚信"才是人生真正的摆渡人啊！

主持人：小品中的坐船人首先抛弃了"诚信"这一行囊，随即失去了更多。同学们，如果你是他，遇上风浪，你将丢弃哪个行囊？

学生们齐声回答：我们不丢弃"诚信"。

主持人：下面请三位同学讲讲自己所知道的"诚信"故事。

（同学讲故事，略）

主持人：下面请各位同学就前面的"诚信"故事，谈谈自己的认识，请大家各抒己见。

甲：我觉得，作为中学生，首先要做到诚信就是要不弄虚作假，考试时不作弊。可是诚信就是要处处讲实话吗？对那些重症垂死的病人来说，医生和家人难道为了诚信，就一定要把真实的病情和盘托出吗？

乙：我觉得也是，如果今天妈妈穿了一件新衣服，很开心地问我怎么样，其实我觉得不好看，可为了让妈妈高兴，我就说了好看。我没说实话，这是不是就是不诚信啊？

丙：我认为诚信不诚信的问题不能简单地用说不说实话来衡量。要看在什么样的环境下，对什么人说。举上面的例子，比如医生。如果他为了多拿钱，在为病人看病的时候，把没病说成有病，把小病说成大病，只要开一种药就能治好的却能开多少药就开多少药的话，这就是不诚信。如果是面对重症病人不说实际病情，是为了让病人更好地治疗，就不能说是不诚信的。这只是一种"善意的谎言"。

丁：那这不是叫人说假话吗？

……

班主任总结

同学们的自由讨论很热烈，也的确说出了自己心里的疑问和看法。至于究竟什么是对，什么是错，我相信在每一个同学的心里面都有一个衡量的标准。同学们，相信你们内心的感觉，与人为善，真诚待人。用你们纯真而善良的心去选择，你们就会明白真正的诚信是什么。

诚信是做人的一种品质，是职业道德的根本，是个人成就事业的根基。要想做到诚信，就要从生活中每件小事做起。希望同学们能牢牢地记住这一点，在今后的学习生活中，处处做到诚信，为将来的人生道路打下坚实的基础。

四、诚信篇

五、宽容篇

　　由于现在的孩子多是独生子女，他们自然而然地成为了所在家庭的中心。在这种环境的影响下，他们很容易养成"得理不饶人"、"小心眼"、"嫉妒心强"等不良心理。而这种不良的心理状态在很大程度上会影响学生健全人格的形成和发展。因此，有必要通过班会对学生进行宽容教育，使学生能够以宽容之心待人，善于与他人特别是同学和睦相处、互相学习、共同进步。

　　宽容是一种美德，但是要有一个限度，无原则的宽容，就是放纵。因此在教育学生学会宽容的同时，不能使其丧失自身的原则，注意宽容与坚持原则之间的平衡。

关于宽容的格言

泰山不让土壤，故能成其大；河海不择细流，故能成其深。

——李斯

一忍可以支百勇，一静可以制百动。

——苏洵

能下人，故其心虚；其心虚，故所广取；所广取，故其人愈高。

——李贽

损着别人的牙眼，却反对报复，主张宽容的人，万勿和他接近。

——鲁迅

宽容就像天上的细雨滋润着大地。它赐福于宽容的人，也赐福于被宽容的人。

——莎士比亚

宽容是文明的唯一考核。

——海尔普斯

智慧的艺术就是懂得该宽容什么的艺术。

——威廉·詹姆斯

宽宏精神是一切事物中最伟大的。

——欧文

生活中有许多这样的场合：你打算用忿恨去实现的目标，完全可能由宽恕去实现的目标，完全可能由宽恕去实现。

——西德尼·史密斯

宽宥是人性的，而忘却是神性的。

——詹姆斯·格兰

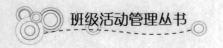
最高贵的复仇是宽容。

——雨果

不会宽容别人的人，是不配受到别人宽容的。

——屠格涅夫

一个伟大的人有两颗心：一颗心流血，一颗心宽容。

——纪伯伦

紫罗兰把它的香气留在那踩扁了它的脚踝上。这就是宽恕。

——马克·吐温

正义之神，宽容是我们最完美的所作所为。

——华兹华斯

只有勇敢的人才懂得如何宽容；懦夫决不会宽容，这不是他的本性。

——斯特恩

宽容要么对人有益，要么对人有害。

——伯克

尽量宽恕别人，而决不要原谅自己。

——西拉斯

为了能同所有的男男女女和睦相处，我们必须允许每一个人保持其个性。

——叔本华

人们应该彼此容忍：每一个人都有弱点，在他最薄弱的方面，每一个人都能被切割捣碎。

——济慈

人本该是有良心的，就连最残酷的心也会有宽恕他人的短暂、美好的记忆。

——塞弗尔特

主题班会活动设计·道德教育卷

宽容典范

（一） 廉颇与蔺相如

战国时，赵国宦者令缪贤的门客蔺相如，受赵王派遣，带着稀世珍宝和氏璧出使秦国。他凭着智慧与勇气，完璧归赵，得到赵王的赏识，封为上大夫。后来，秦王又提出与赵王在渑池相会，想逼迫赵王屈服。蔺相如和廉颇将军力劝赵王出席，并设巧计，廉颇以勇猛善战给秦王以兵力上的压力，蔺相如凭三寸不烂之舌和对赵王的一片忠心使赵王免受屈辱，并安全回到赵国。赵王为了表彰蔺相如，就封他为上卿，比廉颇将军的官位还高。

这下廉颇可不乐意了，他认为自己英勇善战，为赵国拼杀于前线，是第一大功臣，而蔺相如只凭一张嘴，居然官居自己之上。廉颇很不服气，就决心要好好羞辱他一番。

蔺相如听到这个消息，便处处避免与廉颇见面。到了上朝的日子，就称病不出。有一次，蔺相如有事出门遇到廉颇。廉颇就命令手下用各种办法堵住蔺相如的路，最后蔺相如只好命令回府。

廉颇就更得意了，到处宣扬这件事。蔺相如的门客们听说了，纷纷提出要回家，蔺相如问为什么，他们说："我们为您做事，是因为敬仰您是个真正的君子，可现在您居然对狂妄的廉颇忍气吞声，我们可受不了？"

蔺相如听了，哈哈一笑，问道："你们说是秦王厉害还是廉颇将军厉害？我连秦王都不怕，又怎么怕廉颇呢？秦国现在不敢来侵犯，只是慑于我和廉将军一文一武保护着赵国，作为赵王的左膀右臂，我又怎能因私人的小小恩怨而不顾国家的江山社稷呢？"廉颇听说后，非常惭愧，便袒胸露背背着荆条向蔺相如请罪。从此，他们便成了同生死共患难的好朋友，齐心为国效力。

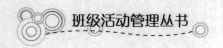

（二）"唾面自干"的娄师德

在唐朝武则天当政之时，曾有一位名叫娄师德的贤臣，其为人谨慎小心，由于娄师德曾经向武后推荐狄仁杰的才能，才使得狄仁杰顺利地担任宰相一职，然而，狄仁杰却不知道是谁在背后荐举他做宰相的。当上宰相之后，狄仁杰对娄师德总是看不顺眼，且时常想排挤娄师德。直到武后有一次拿出过去举荐丞相的旧奏章给狄仁杰看，并说出娄师德对他的夸赞，狄仁杰才满脸绯红，惭愧万分地说："吾不及娄公远矣！"于是对娄师德的宽厚气度大为敬佩，两人从此成为好友。

憨山大师云："从来硬弩弦先断，每见钢刀口易伤。是非不必争人我，彼此何须论短长。"事实上，娄师德的宽厚气度是众所皆知的事。他与李昭德每天同时上朝，因为他身体肥胖，不免行动迟缓，李昭德等得不耐烦，破口大骂"田舍夫"（唐朝时骂人的术语，意思是粗里粗气的乡巴佬），娄师德也不生气，反而笑着说："对，师德不为田舍夫，谁是田舍夫？"

一天，娄师德的弟弟正准备前往代州就任刺史一职，娄师德对他弟弟说："我备位宰相，你又为州牧，我们当如何避免被人忌妒呢？"他的弟弟回答说："今后如果有人朝我脸上吐口水，我也不发怒，只是默默地擦掉它。"娄师德一听，却说："不成，人家朝你吐口水，你擦干了，就是违背人家的意思，这样只会让他更愤怒；你应该笑而受之，令面自干。"这就是成语"唾面自干"的由来。当然，这或许听起来有些夸张，但武后朝中正因为有这样的贤臣，才能国富民安。

（三）六尺巷的传说

六尺巷位于安徽桐城。清代康熙年间文华殿大学士兼礼部尚书张英的老家，就位于此处。

据《桐城县志》记载，张英的家人与邻居吴家在宅基的问题上发生了争执。两家大院的宅地都是祖上的产业，时间久远了，本来就是一笔糊涂账。想占便宜的人是不怕算糊涂账的，他们往往过分相信自己的铁算盘。两家的争执顿起，公说公有理，婆说婆有理，谁也不肯相让一丝一毫。

由于牵涉到宰相大人，官府和旁人都不愿沾惹是非，纠纷越闹越大，张家人只好把这件事告诉张英。家人飞书京城，让张英打招呼"摆平"吴家。张英大人阅过来信，只是释然一笑，旁边的人面面相觑，莫名其妙。只见张大人挥起大笔，一首诗一挥而就。诗曰："一纸书来只为墙，让他三尺又何妨。万里长城今犹在，不见当年秦始皇。"交给来人，命快速带回老家。

家里人一见书信回来，喜不自禁，以为张英一定有一个强硬的办法，或者有一条锦囊妙计，但家人看到的是一首打油诗，败兴得很。后来一合计，确实也只有"让"这惟一的办法，地产是很可贵的家产，但争之不来，不如让三尺看看，于是立即将垣墙拆让三尺。

宰相一家的忍让行为，感动得邻居一家人热泪盈眶，大家交口称赞张英和他家人的旷达态度。他家宰相肚里能撑船，咱们也不能太落后。全家一致同意也把围墙向后退三尺。于是两家的院墙之间有一条宽六尺的巷子，两家人的争端也很快平息。六尺巷由此而来。这条几十丈长的巷子虽短，留给人们的思索却很长。那就是让三尺，宽六尺。

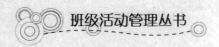
宽容主题设计案例

（一）"学会宽容，快乐生活"
主题班会

班会准备

1. 搜集以宽容为主题的哲理性和启发性故事
2. 准备自排的小品

班会过程

甲：雨果说过："世界上最宽阔的是海洋，比海洋更宽阔的是天空，比天空更宽阔的是人的胸怀"。

乙：是的，宽容是快乐之本，多一些宽容，我们的生命就会多一份空间，多一份爱心；多一些宽容，我们的生活就会多一份温暖，多一份阳光。

合：某某班主题班会现在开始！

甲：宽容是非凡的气度，宽广的胸怀，是对人对事的包容和接纳；

乙：宽容是高贵的品质，崇高的境界，是精神的成熟，心灵的丰盈；

甲：宽容是仁爱的光芒，无上的福分，是对别人的释怀，更是对自己的善待；

乙：宽容是生存的智慧，生活的艺术，是通悟了社会、人生之后所获得的那份从容、自信和超然。

甲：我们的生活中宽容是什么呢？也请大家来说一说。

主题班会活动设计·道德教育卷

生1：宽容是友谊。朋友间没有了宽容就没有了友谊，有了友谊就会有更多的朋友。

生2：宽容是发展。曹操从几个兵士发展到剿灭北方群雄，占据中原，拥有百万大军，与他的"山不厌高，水不厌深"的胸怀分不开。

生3：宽容是力量，是自信的标志。

乙：同学们，我们是否能够宽容待人呢？下面我们来做一个心理测试：

宽容度测试

（请对下列问题作出"是"和"否"的选择）

1. 有很多人总是故意跟我过不去。

2. 碰到熟人我向他打招呼时，他视而不见最令我难堪。

3. 我讨厌和沉默寡言的人一起工作。

4. 有的人哗众取宠，说些浅薄无聊的笑话居然也能博得喝彩，我听到和看到都很生气。

5. 和目中无人的人一起相处真是一种痛苦。

6. 生活中充满庸俗趣味的人不少，我很厌烦。

7. 有很多人自己不怎么样却总是嘲笑他人。

8. 我不能理解为什么自以为是的人也能得到赏识。

9. 有的人笨头笨脑反应迟钝，真让人窝火。

10. 我不能忍受上课时老师为照顾差生而把讲课的速度放慢。

11. 和事事争强好胜的人呆在一起使我感到紧张。

12. 我不喜欢独断专行的人。

13. 有不少人明知方法不对，还非要别人按照他的意见行事。

14. 有的人成天牢骚满腹，我认为这种处境全是他们自己造成的。

15. 和怨天尤人的人打交道能使自己的生活变得灰暗。

16. 有不少人总喜欢对别人百般挑剔，而不顾他人的情绪。

17. 当我辛辛苦苦做完一件事情却得不到认可和赏识时，我就会大发雷霆。

五、宽容篇

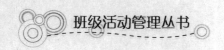

18. 有些蛮横无礼的人常常事事畅通无阻，这真令我看不惯。

评价标准："是"得 1 分，"否"得 0 分，最后分数相加。

（1）13～18 分，说明你需要在生活中加强灵活性，培养宽容心。

（2）7～12 分，表明是常人心态，尽管时时碰到难相处的人，但还尚能宽容。

（3）0～6 分，说明外界事物很难左右你的心态。

甲：同学们，你是宽容的人吗？大家心里一定有了答案，或许有些同学觉得不以为然，哼！我就不是一个宽容的人，那又怎么样？

乙：那么接下来，让我们来听一些经典的故事，这些都是咱们同学精心搜集的。

故事《仇恨袋》

古希腊神话中有一位力大无比的英雄叫海格力斯，有一天他在山路上行走时，发现路中间有个袋子似的东西很碍脚，便朝它踢了一脚，谁知那东西不但没有被踢开，反而膨胀起来，海格力斯有点生气，便狠狠踩下去想把它踩破，哪知那东西又膨胀了许多。海格力斯恼羞成怒，操起一条碗口粗的木棒狠狠地砸下来，那东西竟然加倍地膨胀，最后大得把路都堵死了。一位圣人路过，连忙对海格力斯说："朋友，快别动它，忽略它，离开它远去吧！它叫仇恨袋，你不犯它，它便小如当初，你的心里老记着它，侵犯它，它就会膨胀起来，挡住你前进的路，与你敌对到底！

生 4 感受：我觉得仇恨正如海格力斯所遇到的那个袋子，开始很小，如果我们忽略它，它就会自行消亡；如果我们老想着它，心中就会充满仇恨，便再也装不下别的东西了。当我们仇恨到失去理智的时候，后果便不堪设想了。

故事《误会》

早年在美国的阿拉斯加有一对年轻的夫妇，妻子因难产而死，留下了一个孩子。年轻的父亲因忙生活照顾不了孩子，就训练了一只狗，这只狗聪明伶俐能照顾孩子，它可以咬着奶瓶给孩子喂奶喝，抚养孩子。有一天，主人出门了，叫它照顾孩子。他到了别的乡村，因欲大雪当日不能返回。第二天赶回家时，狗立即闻声出来迎主人，主人一看屋子里到处是血，床上也是血，孩子不见了，只有满嘴是血的狗在身边，他以为狗性大发吃掉了孩子，大怒，拿起菜刀把狗劈死了。之后，忽然听到孩子的声音从床下传出来，于是抱起孩子，身上虽然有血但没有受伤。他很奇怪又去看狗，发现狗腿上的肉没有了，在屋子的角落里还有一只死去的狼，嘴里竟然还咬着狗肉。他恍然大悟，但一切都太迟了。

生5感受：当我们只想着别人的错误时，误会就开始了，而且越陷越深。生活中我们要慎重，不要做这样的傻事。

故事《我们需要宽广的胸怀》

这是一个从越南归来的美国士兵的故事。他从旧金山打电话回家，告诉他们："爸、妈我回来了，另外我还想带一个朋友一起回家。"父母很高兴，儿子又继续说到："不过，我的朋友在越战中受了重伤少了一只胳膊、一条腿，他现在没有别的去处，我想让他和我们一起生活。""儿子，我很遗憾，不过或许我们可以帮他找个安身之处"，父亲又接着说："儿子，像他这样的人会给我们的生活带来很多的麻烦，我们还有自己的生活，我建议你先回家，然后忘掉他，他也能有自己的生活。"儿子无声地挂上了电话，几天后，父母接到旧金山警局的电话，告诉他们的儿子已自杀，于是伤心欲绝的父母飞往旧金山，在警方的带领下辨认儿子的遗体，那的确是他们的儿子，但令他们惊讶的是儿子居然只有一只胳膊和一条腿。

生6感受：当别人有困难的时候，我们都应尽自己的全力去帮助他们。

故事《钉子的故事》

一个男孩脾气很坏，于是他的父亲给了他一袋钉子，并告诉他：每当他发脾气时就钉一根钉子在后院的围篱上。第一天男孩钉了37根钉子，慢慢地每天钉下的钉子少了，终于有一天，这个男孩再也不会因失去耐性而乱发脾气了。他高兴地去告诉父亲，他的父亲说："你真了不起，孩子！

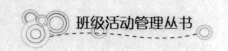

那么从现在开始每当你能控制自己的脾气时，就拔出一根钉子。时间一天天过去了，有一天男孩告诉父亲他把所有的钉子都拔出来了，父亲握着孩子的手来到后院，指着那些围篱上的洞说："我的孩子，你看看这些篱墙上的洞，它们将永远无法恢复原样，我们生气时说的话就像这个钉子留下的疤痕，对人的伤害永远无法抹去。"

生 7 感受：如果我们都能换位思考，从自己做起，先检讨自己并宽容地对待他人，肯定有意想不到的结果。

甲：大家听这些故事感触一定很深吧，那么接下来看看我们身边的故事吧。

小品《同学们自己的日常行为》（略）

甲：同学们，我想真诚地说一句，刚才宽容度测评不太理想的同学，平时没有意识到宽容的力量的同学，大家一定要注重言行，让我们的同学关系不再紧张，让我们有更多真正可以信赖的知心朋友！

乙：多好的提议啊，的确世界上没有相同的两片叶子，所以不要苛求别人完全认同自己的观点，"金无足赤，人无完人"，和而不同，求同存异是宽容合作的基础；互相谅解和尊重是得到真正友谊的前提。

班主任总结

同学们，老师很高兴看到大家认真地准备这次班会，让我更高兴的是从大家的神情中老师看到每个人都已有收获。是啊，昨天，我们认识着宽容；今天，我们感受着宽容；明天我们将用宽容的心态去生活和学习。有道是："海纳百川，有容乃大"。大家想真正拥有宽容的美德吗？从现在开始努力，记住：宽容是一种修养，是一种品质，更是一种美德。希望通过这次班会让大家开始懂得去珍惜友谊，学会宽容，快乐生活。

（二）"多点宽容"主题班会

班会准备

故事稿，剧本，名人名言，笔墨。

班会过程

男：雨果说过：世界最宽阔的是海洋，比海洋更宽阔的是天空，比天空更宽阔的是人的胸怀。

女：的确，宽容也是快乐之本。多一些宽容，人们的生命就会多一份空间，多一份爱心；人们的生活就会多一份温暖，多一份阳光。

男：那么，亲爱的同学，你们知道什么是宽容吗？

女：在字典中宽容有两个含义：①宽厚，能容忍。②包涵；原谅；不计较。

通俗地讲，宽容就是人与人之间相处时能充分地理解他人、体谅他人，拥有宽阔的胸怀。

男：那么，人需要宽容吗？为什么呢？

学生自由回答（略）

女：既然宽容能给我们带来这么多的好处，那么我们怎样做才算宽容呢？首先我们请李同学为大家讲一个两朋友之间相处的故事。

李同学：阿拉伯传说中有两个朋友在沙漠中旅行，在旅途的某个地点他们吵架了，一个还给了另外一个一记耳光。被打的人觉得受辱，一言不语，在沙子上写下："今天我的好朋友打了我一巴掌。"他们继续向前走，

五、宽容篇

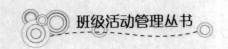

直到到了湖边，他们就决定停下来。被打一巴掌的那位在取水的时候差点淹死，幸好被朋友救起来了。被救起后，他拿了一把小剑在石头上刻了："今天我的朋友救了我一命。"一旁好奇的朋友说："为什么我打了你以后，你要写在沙子上，而现在要刻在石头上呢？"另一个朋友笑笑说："当被朋友伤害时，要写在易忘的地方，风会负责抹去它。相反的如果被帮助，我们要把它刻在心里的深处，那里任何风都不能抹灭它。"朋友的相处，伤害往往是无心的，而帮助却是真心的。忘记那些无心的伤害，铭记那些对你真心的帮助。你会发现这世上你有很多真心的朋友……

男：同学们，当你们听到这里，一定会有很深的感受吧！你认为朋友间应该如何相处？谁来谈一下自己的想法？

王同学：是的，宽容真的会使我们获得友谊，使我们交到真正的朋友，从而获得幸福。所以，朋友之间不要因为一点小矛盾就闹不和。只有宽容、理解，才是化解矛盾的最佳良药！在此，也希望同学们能更珍惜你们身边的朋友。

女：其实中国古代也有许多关于宽容的故事，其中就有一个很经典的故事。蔺相如、廉颇的故事大家都知道吧？谁来讲一讲呢？

故事《将相和》（略）

男：同学们，你们从中明白了什么道理？他们各自具有什么样的品质？

张同学：只一方宽容忍让还不行，另一方也一定要善于反思、改正自己的错误，并且要勇于承认自己的错误。

女：宿舍是我们生活的地方，同时也是我们的"小家"，每天生活在同一个屋檐下，就像一家人一样。但现在，就在我们的小家里，却出现了一些问题。例如争谁先洗澡啊、用词不当引起误会啊、宿舍同学说梦话打呼噜吵着自己睡觉等。正所谓"相见好，同住难"，日子久了，同学相处就难免会有一些磕磕碰碰。如果出现了这些情况，我们该怎样做呢？我们不宽容又会怎样呢？请看小品《宿舍清晨小插曲》。

小品《宿舍清晨小插曲》

（A 非常有生活规律，而且睡眠质量不好。B 非常勤奋，每天一大早就起床看英语，但每一次，B 都轻手轻脚地起床，以免吵醒 A。A 却仍然每次都被吵醒。A 认为 B 不应该为了自己而影响别人休息，影响他人的学习状态。略）

男：你认为事情的发展会怎样？

（学生自己想象并发表自己的意见，尽可能往更长远的角度去想。）

女：其实事情的结局与 A、B 两人的态度有直接的关系，如果 A 能容忍一点的话，可能会避免这个矛盾；但当 A 真的忍受不住时，B 也应宽容一下，减少摩擦。

男：你觉得同学相处的原则是什么？（互相包容、理解）

怎样才能避免矛盾？（换位思考想问题，学生讨论后各小组派一个代表发言）

女：同学们生活在一起，产生一点摩擦是正常的，如果我们学会能换个角度想问题，结果可能又不一样，比如一个人吝啬，我们也可以说这是节俭；一个人很固执，说明他信念坚定；而好发脾气则是感情丰富的表现。学会宽容，你就会发现这个世界上的人们是多么可爱，而你也会非常高兴与他们交往。别人呢？当然也会因为拥有你这么一个宽宏大量、关怀体贴的好朋友而高兴了！

男：但是矛盾发生后，应该学会忍耐、包容、体谅他人，不能斤斤计较，应该让矛盾迅速化解，也就是人们常说的"退一步海阔天空"。所以，我们应该学会宽容，使自己的周围充满欢乐。其次，在平时生活中，应该学会说"对不起"。有了过失和误会，衷心地向对方说"对不起"，展现了一个人开阔的胸怀和彬彬有礼的风度，用自己友善的心感染他人，远比唇枪舌战更有效。

女：我们每个人都希望生活在友好、愉快的氛围中，都希望自己的周围充满善良、宽容和温馨……这就需要我们每一个同学以宽容之心与同学相处、与老师相处、与家人相处，共同营造一个心情舒畅，处处温暖和谐的生活环境。同学们，让我们学会宽容待人，使我们的集体变得更加

五、宽容篇

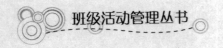
美好!

男：说了这么多，我们还想送给大家几句名言：

1. 以律人之心律己，以恕己之心恕人。

2. 开口便笑，笑古笑今，凡事付之一笑；大肚能容，容天容地，于人何所不容！

女：这是何等的气度与胸怀！宽容的可贵不只在于对自己的认同，更在于对他人的尊重！

最后，有请某同学展示他的书法作品"海纳百川，有容乃大"。

班主任总结

同学们，宽容是一种豁达，是比海洋和天空更为博大的胸襟，是宽广和宽厚的叠加、延续和升华。以宽容之心待人是为人处世的基本法则。宽容是一种豁达的风范，对于人生，也许只有拥有一颗宽容的心，才能面对自己的人生。宽容更是一种幸福和快乐，我们饶恕别人，不但给了别人机会，也取得了别人的信任和尊敬，我们也能够与他人和睦相处。

但宽容决不是放任、纵容，消极地无所作为。宽容意味着尊重、信任、理解和沟通。宽容是宽松气氛的刻意营造，是不同主张的彼此交融。

我们的班训的第一条中提到"团结"，如果没有宽容作为基础的话，我们班又何以谈团结，我们的班集体又怎能发展？如果同学之间不宽容相处的话，我们又如何度过今后朝夕相处的三年呢？所以，希望同学们真正学会以宽容之心待人，记住"海纳百川，有容乃大"！

班会结束。

主题班会活动设计·道德教育卷

六、感恩篇

感恩教育能够带给青少年健全的情感体验，有利于他们的心理健康发展。具有感恩倾向的人，他们对自己的生活更满意，能够完成更多的目标，更乐于帮助他人，所以能够维系积极健康的人际关系。

当前，我国大部分青少年都是独生子女。父母的宠爱造成部分青少年以自我为中心，自私而任性，不懂得尊重别人，不能替别人着想，稍有不如意就可能做出极端的事情。感恩教育就是让他们改变心态，坚持自己的良好道德行为。面对这么多问题，就迫切需要感恩教育来唤醒青少年的感恩之心，让他们知道世界上没有无权利的义务，同样也不存在无义务的权利。人与人之间是平等的，只要通过努力就会有收获。只有培养了学生正确的权责观，才能使他们形成感恩的心态和习惯，促使他们健康成长。

感恩教育是学会善待自我，获得他人尊重与改善人际关系的妙方。感恩是尊重的基础，尊重是以自尊为起点，在自己与他人社会的相互尊重中追求生命的意义，展现自己的独立人格。感恩教育在改善人际关系方面也有着独特的作用。它使大家在一起学习与生活中，能相互谅解、相互关心。常怀感恩之心，会使人内心恬淡、胸怀广博，将有利于构建出美好的人际交往氛围，每个学生也就能怡然地生活于其中了。

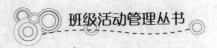

关于感恩的格言谚语

哀哀父母，生我劬劳。

———《诗经》

孝子之至，莫大乎尊亲；尊亲之至，莫大乎以天下养。

———孟子

感谢命运，感谢人民，感谢思想，感谢一切我要感谢的人。

———鲁迅

人家帮我，永志不忘；我帮人家，莫记心上。

———华罗庚

生活需要一颗感恩的心来创造，一颗感恩的心需要生活来滋养。

———王符

感恩是精神上的一种宝藏。

———洛克

感恩即是灵魂上的健康。

———尼采

没有感恩就没有真正的美德。

———卢梭

人世间最美丽的情景是出现在当我们怀念到母亲的时候。

———莫泊桑

家庭之所以重要，主要是因为它能使父母获得情感。

———罗素

父母的美德是一笔巨大的财富。

———贺拉斯

全世界的母亲是多么的相像！她们的心始终一样，都有一颗极为纯真

的赤子之心。

——惠特曼

如果一个人身受大恩而后来又和恩人反目的话，他要顾全自己的体面，一定比不相干的陌路人更加恶毒，他要证实对方罪过才能解释自己的无情无义。

——萨克雷

卑鄙小人总是忘恩负义的，忘恩负义原本卑鄙的一部分。

——雨果

不管一个人取得多么值得骄傲的成绩，都应该饮水思源，应该记住是自己的老师为他们的成长播下了最初的种子。

——居里夫人

蜜蜂从花中啜蜜，离开时营营地道谢。浮夸的蝴蝶却相信花是应该向他道谢的。

——泰戈尔

一日为师，终身为父。

——中国谚语

谁言寸草心，报得三春晖。

——中国谚语

滴水之恩，当涌泉相报。

——中国谚语

吃水不忘挖井人，前人栽树后人乘凉。

——中国谚语

知恩图报，善莫大焉。

——中国谚语

羊有跪乳之恩，鸦有反哺之义。

——中国谚语

投之以桃，报之以李。

——中国谚语

六、感恩篇

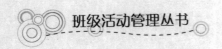

一饭之恩，当永世不忘。

——中国谚语

恩欲报，怨欲忘；报怨短，报恩长。

——中国谚语

父母之恩，水不能溺，火不能灭。

——俄国谚语

养儿方知娘艰辛，养女方知谢娘恩。

——日本谚语

要知父母恩，怀里抱儿孙。

——日本谚语

父恩比山高，母恩比海深。

——日本谚语

忘恩比之说谎、虚荣、饰舌、酗酒或其他脆弱的人心的恶德还要厉害。

——英国谚语

忘恩的人落在困难之中，是不能得救的。

——希腊谚语

感恩是美德中最微小的，忘恩负义是品行中最不好的。

——英国谚语

（一）汉文帝亲尝汤药

　　刘恒是汉高祖刘邦的第三个儿子。最初被封为代王，当时吕后娘娘家的势力十分庞大，造成政局不稳，纷争不断。直到吕后死后，朝中大臣与刘氏宗族才联手诛除了吕姓的势力，经由大家会商后，一致认为刘恒既贤能又孝顺，于是一致恭迎他入朝为帝，就是历史上有名的汉文帝，他侍母尝药的故事，在后世广为流传。

当了一国之君的汉文帝，坚持以仁孝治理天下。平日，他身体力行，每天都向母亲问安，如果公务不很繁忙，文帝还要特别抽出时间，陪伴在母亲左右。在文帝心中，始终把侍母尽孝当作是自己生命中的大事。只要母亲身心安泰，自己也会感到莫大的快乐。

日月如梭，母亲开始日渐衰老，孱弱。文帝不免担忧起母亲的身体。一天，母亲不幸病倒了，文帝请来最好的医生给太后诊治，宫廷内外也都为尽早医好太后的病而各尽所能。

此时此刻，文帝焦急万分，他深恐母亲一病不起，甚至会离自己而去。他时刻牵挂着母亲，已经放心不下宫女们的照顾。只要完成公务，文帝便会直接来到母亲寝宫，守护在母亲床前。看到母亲憔悴的面容，文帝食不知味，夜不能眠，他亲自为母亲端水送药，一心想着让母亲尽快好起来。只要母亲感觉好了一些，文帝心中就感到无限的喜悦。

在侍奉母亲的三年里，身为一国之君的汉文帝，几乎没有睡过一个安稳觉。每次看到母亲睡了，才趴在母亲床边睡一会儿。在休息时，文帝也从不宽衣解带，生怕在母亲呼唤时，由于自己一时的怠慢而无法应母亲之需。为了更好地照顾母亲，文帝还学习所用汤药的药效、剂量，而且牢记于心，对什么时候用药，如何熬制才能充分发挥药效等，他都能恰当地掌握。母亲每次服药前，文帝必会亲自先尝，品一品熬煮的浓度是否适当，温度是否合适，然后再嘱咐进行调制调温，直到适宜母亲服用之后，才放心地端给母亲。母亲在皇子三年如一日地侍奉护理下，终于有了好转。

文帝对母至孝，身为皇帝，也把百姓当作亲人。他仁慈恭俭，以敦伦尽分，崇尚简朴示范天下，自然得到万民爱敬，海内殷富，远者悦服，天下大治的盛景。

六、感恩篇

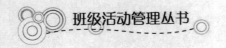
（二）结草衔环的典故

"结草"的典故见于《左传·宣公十五年》。

公元前594年的秋七月，秦桓公出兵伐晋，晋军和秦兵在晋地辅氏（今陕西大荔县）交战，晋将魏颗与秦将杜回相遇，二人厮杀在一起，正在难分难解之际，魏颗突然见一老人用草编的绳子套住杜回，使这位堂堂的秦国大力士站立不稳，摔倒在地，当场被魏颗所俘，使得魏颗在这次战役中大败秦师。

晋军获胜收兵后，当天夜里，魏颗在梦中见到那位白天为他结绳绊倒杜回的老人。老人说，我就是你把她嫁走而没有让她为你父亲陪葬的那女子的父亲。我今天这样做是为了报答你的大恩大德！

原来，晋国大夫魏武子有位无儿子的爱妾。魏武子刚生病的时候嘱咐儿子魏颗说："我死之后，你一定要把她嫁出去。"不久魏武子病重，又对魏颗说："我死之后，一定要让她为我殉葬。"等到魏武子死后，魏颗没有把那爱妾杀死陪葬，而是把她嫁给了别人。魏颗说："人在病重的时候，神智是昏乱不清的，我嫁此女，是依据父亲神智清醒时的吩咐。"

"衔环"的典故见于南朝梁吴均的《续齐谐记》。

杨宝是东汉名儒。9岁时，他在华阴山北（华山之北）见一只凶恶的大鸱鸮咬伤了一只黄雀，后又被一堆蚂蚁团团围着。杨宝于是起了恻隐之心，救了受伤的黄雀。他将黄雀放置在箱中保护它，用黄花喂养黄雀，直至黄雀的伤养好了之后，又将其放走。

事件过后，杨宝梦见黄雀化作一个黄衣童子回来报恩："我西王母使者，君仁爱救拯，实感成济。"以白环四枚赠送给杨宝："令君子孙洁白，位登三事（三公，东汉以太尉、司徒、司空为三公），当如此环矣。"黄衣童子讲完了这些话，就不见了。此后，杨宝的儿子杨震，孙子杨秉，曾孙

杨赐，玄孙杨彪均如黄衣童子的说话一样"四世太尉，德业相继"，全都做官至三公，而且品德操守方面都非常的清白，当时成为了传奇。

后世以"结草衔环"比喻感恩报德，至死不忘。

（三） 母亲节的由来

古代母亲节起源于希腊，古希腊人在这一天向希腊神话中的众神之母赫拉致敬。在 17 世纪中叶，母亲节流传到英国，英国人把封斋期的第四个星期天作为母亲节。在这一天里，出门在外的年轻人将回到家中，给他们的母亲带上一些小礼物。

现代意义上的母亲节（MOTHER'S DAY）起源于美国，由安娜·贾维斯发起。她终身未婚，膝下无儿无女。1906 年 5 月 9 日，安娜·贾维斯的母亲不幸去世，她悲痛万分。在次年母亲逝世的周年忌日，贾维斯组织了追思母亲的活动，并鼓励他人也以类似方式来表达对各自慈母的感激之情。

贾维斯写信给西弗吉尼亚州格拉夫顿的安德鲁斯循道圣公会教堂，请求为她的母亲做特别追思礼拜。她母亲生前为这一教堂的星期日学校服务了 20 多年。1908 年，教堂宣布贾维斯母亲忌日——5 月的第二个星期日为母亲节。贾维斯还组织了一个母亲节委员会，开始大规模宣传，呼吁将母亲节定为法定节日。

她的呼吁获得热烈响应。1913 年 5 月 10 日，美国参、众两院通过决议案，由威尔逊总统签署公告，决定每年 5 月的第二个星期日为母亲节。这一举措引起世界各国纷纷仿效，至 1948 年贾维斯谢世时，已有 43 个国家设立了母亲节。美国政府还规定，母亲节这天，家家户户都要悬挂国旗，以表示对母亲的尊敬。

母亲节创立后，也得到了全世界各国人民的支持。安娜·贾维斯在世

六、感恩篇

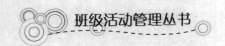
时，设立母亲节的国家已达 43 个。时至今日，欢庆这个节日的国家就更多了。母亲节，已经成了一个名副其实的国际性节日。节日这一天，全世界的妈妈们，怀着喜悦的心情接受各自子女们的美好祝愿。

感恩主题设计案例

（一）"寸草心" 主题班会

班会准备

1. 准备发言稿等
2. 选出表演者，准备道具，组织节目排练

班会过程

主持人：感恩，对于我们来说是一个熟悉而陌生的字眼，也许我们都不曾理解过感恩的真正含义，然而，在我们的身边却存在着无限恩情需要我们去感受，去回报。今天就让我们一起来感"父母之恩"，我宣布"寸草心"主题班会现在开始！

学生 1：同学们，你们有没有想过，当你们带着第一声啼哭来到人间时，那意味着什么？

主持人：那意味着我们将开始自己的人生，而从那一刻的每一分钟起父母似乎都只为我们而活。

学生 1：当我们放开父母的手步入学校时，那又意味着什么？那意味着我们将开始挑战人生，将开始享受父母无私给予的一切。

当我们告别中学来到大学那又意味着什么？那一刻我们最想对父母说些什么呢？

主持人：下面请欣赏合唱《挥着翅膀的女孩》

歌曲《挥着翅膀的女孩》

当我还是一个懵懂的女孩

遇到爱不懂爱

从过去到现在　直到他也离开

留我在云海徘徊　明白没人能取代

他曾给我的信赖

See me fly I'm proud to fly up high

不能一直依赖　别人给我拥戴

Believe me I can fly

I'm singing in the sky

就算风雨覆盖　我也不怕重来

我已不是那个懵懂的女孩

遇到爱用力爱仍信真爱

风雨来不避开　谦虚把头低下来

像沙鸥来去天地　只为寻一个奇迹

See me fly I'm proud to fly up high

生命已经打开　我要那种精彩

Believe me I can fly

I'm singing in the sky

你曾经对我说　做勇敢的女孩

｛间奏｝

我盼有一天能和你相见

骄傲地对着天空说　是借着你的风

Let me fly I'm proud to fly up high

生命已经打开　我要那种精彩

六、感恩篇

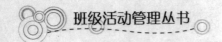

Believe me I can fly

I'm singing in the sky

你曾经对我说　做勇敢的女孩

我不会孤单　因为你都在

　　主持人：听过了动听的合唱，那是世上最朴实、最优美的音符，在座的父母您听到了吗？您的子女在告诉您"DO NOT WORRY！BELIVE ME I CAN FLY！"——别担心，相信我可以飞！人生一世，草生一秋。都是一段短暂的岁月，人与草不同，那就是因为人的生命要有价值，人比草多一颗心，多一份莫名的感情。然而，不懂如何去经营、如何去支配感情的人亦是连草木都不如了，所谓"人非草木，孰能无情"。下面请欣赏诗朗诵《妈妈您是我的最爱》

诗朗诵《妈妈您是我的最爱》

一个人的诞生

两份满心期待的祝福

三月春晖的伟大

妈妈　您是我生命中最亲密的爱

无常　无情　无不在

生老病死是生命的四季

温馨　温暖　温存着

春意盎然是充满母爱的五月

六朵康乃馨　献给我的母亲

妈妈您的笑容　是我一生中最大的幸福

七千次的日月轮替　无情时光刻画在您额上　好不忍心

八的八次方"我爱您"　也报不完您给的无私奉献的宠爱

九种成分的维他命　愿您和老爸长命百岁　到白头

妈妈您的健康　是我一辈子最大的愿望

十乘十的结合　百分百的圆满人生

十一日是"把爱说出来"的日子

我要用十二万分的爱

真情告白

主持人：在轻快的音乐声中，我们听到了某同学的心声，也聆听了人间最真挚的感情。

主持人：人的爱憎也许是与生俱来的，但这和父母从小到大对我们的细心呵护是分不开的，正是这份无私的爱感染了我们，让我们学会了如何去爱别人，然而无知的我们却从来都不知道这是父母对我门的"终生教程"。也许我们学会了，学会了如何去爱，但是我们却始终忽略了，忽略了原来我们的父母也需要爱。

主持人：曾几何时，我们总和父母的忠言背道而驰；我们总把父母的教诲当作是危言耸听，我们总对父母的关心不屑一顾，从来都认为这是他们的义务，而这是我们天经地义该享受的权利，难道这种种，种种……不值得我们深思吗？

主持人：今天，就有一个很好的机会，父母就在我们的面前，难道我们不应该为我们之前"玩世不恭""不负责任"的态度说些什么吗？而我们的父母是否也有话要说呢？下面是"真情互动"环节，请我们的同学把内心最真实的想法告诉你的父母，而我们的家长们也可以把你内心最真切的期盼告诉您的孩子，现在我宣布"真情互动"现在开始！

（妈妈我想对你说……爸爸我想对你说……）（甲、乙、丙同学发言，略）

主持人：由于时间关系，我们的节目只能进行到这儿了，我们的同学们和家长们似乎仍意犹未尽，通过这个环节我们的父母对自己的子女有了一个更深的了解，而我们的子女也应该在这一刻学会如何去理解自己的父母，如何去爱自己的父母了吧！

送上一首《懂你》，也送上我们对父母的深深谢意，让我们一起道一声"爸爸妈妈，你们辛苦了"。

歌曲《懂你》

你静静地离去

一步一步孤独的背影

多想伴着你

告诉你我心里多么地爱你

六、感恩篇

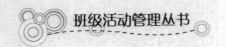

花静静地绽放

在我忽然想你的夜里

多想告诉你

其实你一直都是我的奇迹

一年一年　风霜遮盖了笑颜

你寂寞的心有谁还能够体会

是不是春花秋月无情

春去秋来　你的爱已无声

把爱全给了我　把世界给了我

从此不知你心中苦与乐

多想靠近你

依偎在你温暖寂寞的怀里

告诉你我其实一直都懂你

多想告诉你

你的寂寞我的心痛在一起

主持人：坎坎坷坷，漫漫人生。对苍天长叹，叹已逝人生；对黄河赞叹，赞黄河雄姿；对小草低泣，泣小草无人知晓；对高山高唱，唱山的威武；对小河低吟，吟小河的涓涓细流……人生就是那般无奈，我想在你的一生中，一定不会总是一帆风顺的吧，肯定会遇到一些波折。

主持人：小时侯，摔倒了有父母宽大而温暖的手掌将我们轻轻扶起，温柔地拍去身上的尘土，而长大后，跌倒了只能自己爬起来，包扎伤口，咬牙忘却伤痛，重新启程寻找新的起点。也许曾经的那些伤痛让你难以自拔。然而，人的一生不就是在不断的磨炼中茁壮起来的吗？我想在座的父母也希望看到自己的孩子坚强自信的一面吧！所以同学们遇到困难不要气馁，让我们一起做一只小小的蜗牛，在平凡的生命中创造不平凡的奇迹！请欣赏合唱《蜗牛》

歌曲《蜗牛》

该不该搁下重重的壳

寻找到底那里有蓝天

随着轻轻的风轻轻地飘

历经的伤都不感觉疼

我要一步一步往上爬

等待阳光静静看着它的脸

小小的天有大大的梦想

重重的壳裹着轻轻的仰望

我要一步一步往上爬

在最高点乘着叶片往前飞

小小的天流过的泪和汗

总有一天我有属于我的天

我要一步一步往上爬

在最高点乘着叶片往前飞

任风吹干流过的泪和汗

我要一步一步往上爬

等待阳光静静看着它的脸

小小的天有大大的梦想

我有属于我的天

任风吹干流过的泪和汗

总有一天我有属于我的天

六、感恩篇

　　主持人：渴望儿女成长，天下父母同心。尤其是当代，科学技术日新月异，知识经济日见分明，社会竞争日趋激烈，人们因此对子女的期望值更高，对家庭教育更为重视。为了适应独生子女的新情况，改革开放的新环境，社会市场主义的新形势，许多家长自觉学习家庭教育知识，转变家教观念，改进教育方法，在教儿育女上取得了可喜的成果，但是有不少家长，抱残守缺、方法失当，尽管为孩子的成长牵肠挂肚，操碎了心，结果却事与愿违，甚至出现了追悔莫及的偏差与失误。

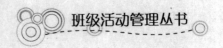

请欣赏小品《当保姆的妈妈》。

小品《当保姆的妈妈》

时间：当代周末的下午。

地点：戴鸿家客厅。

人物：戴鸿：男中学生，家庭富裕，父母工作忙，日常生活由保姆照顾。

志坚：戴鸿的同班同学，家在农村，父病在家，其母在戴鸿家当保姆。

兰姨：志坚的母亲，农村妇女，因丈夫瘫痪在家，儿子读书急需花钱，外出在戴鸿家当保姆。

布景：舞台右前方有电脑桌及书柜，台中放有餐桌和椅子，舞台左后侧有一单人沙发。

幕启：志坚身背右脚有伤的戴鸿上，他满头大汗，轻轻地把戴鸿放在沙发上，非常关心对戴鸿说。

志坚：怎么样，还痛吗？要不要用热毛巾给你敷一下。（边说边擦汗，断断续续喘着气说）

戴鸿：没事没事！你看我一到家就好了，一见我这宝贝电脑，这脚怎么一点也不疼了！来，志坚，我教你上网玩游戏。（起身拉着志坚走向电脑桌）

志坚：别别别，当心脚上的伤！（赶快去搀扶戴鸿）

戴鸿：呵呵，你放心，我的脚根本就没有受伤！

志坚：你在骗人!? （后退一步）

戴鸿：这个嘛……也对，也不全对！

志坚：你……！你在搞什么鬼?！

戴鸿：你别生气，我实话告诉你，今天假装脚受伤，不去参加学校组织到郊区动物园春游，这是真的，我把你也给骗了。

志坚：别说了！

戴鸿：志坚，你知道，我是一个超级无敌网上电脑游戏迷，只要一坐上这个电脑桌，打开电脑看着屏幕，哈哈，这个世界就由我统治了！

志坚：电脑在你家，春游回来晚上一样可以上网玩嘛！

戴鸿：绝对不行，你不知道，我爸我妈不让我玩，说耽误学习。

志坚：对呀！你的学习成绩在班上是有点问题。

戴鸿：那怕什么！你知道我在网上玩的"传奇"到了多少级了？三十八了，差两级我就闯过四十大关了。

志坚：怎么，作业不做了？功课不复习了？

戴鸿：哎！你怎么和爸妈唱一个腔调了！

志坚：这不对吗？

戴鸿：no，no，no！要是我爸妈一在家我就上不了网，玩不成游戏了。

志坚：那不更好吗？

戴鸿：你呀，你……怎么说呢？你知道我在"传奇"投了多少钱才玩到三十八级？一千多元了！

志坚：网上玩游戏还要花这么多钱？别骗人！

戴鸿：不花钱武器装备拿什么买？裁决要不要钱？就一身极品装备也要好几百元呢！

志坚：这……！那你玩到四十级有什么好处？

戴鸿：傻瓜，那我就可以赚好多的钱，还可以买新装备，哈哈，我发财了！

志坚：这……我真不明白了！

戴鸿：这有什么不明白，你在班上学习成绩好，又不玩游戏机，做起复习题来，你是题霸。可是在电脑上玩起游戏呀！我也可以说是一个一个独孤求败式的霸主呦。

志坚：对对对！你是一霸！等会儿你爸妈一回来就当不成霸主了。

戴鸿：你怎么哪壶不开提哪壶呀，不过，今天你错了，今天、明天、后天我爸妈不会回来，他们因公出差去了，我就可以在家"传奇"，谁也管不了啦！三天三夜保证再升一级。我金库的钱就大大的有了，从"赤月"在玩到"苍月"！

志坚：算了，不管你了，你玩吧！我走了。

戴鸿：志坚，你别走，今天你好心好意帮了我这样大一个忙，我怎么

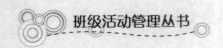

能让你走呢？就在这吃晚饭，我教你在网上玩游戏。

志坚：谢谢，我走了。（起身要走）

戴鸿：不准走！

志坚：怎么？

戴鸿：你要出卖我。

志坚：不会的。

戴鸿：那就别走。真的，我是好心。你想，我骗了你老师和同学不去春游。假装伤了脚，是你主动提出放弃去动物园玩，要背我扶我回家。我让你上了当，又累得你满身大汗，现在我让你一个人走，还算意气吗？志坚，我的好同学，我不会忘记你的好处的。

志坚：戴鸿，不要这样说！我也有难处！今天学校到郊区动物园春游，我真的想去，因为我从小到现在都未去过，我一直都生活在山区农村。可是春游费要交整整20元钱，那可是我半个月的生活费呀，我好想和老师同学们一起去玩。可没办法，谁叫我穷呢！正在我思想两难的时候，不去又说不出口，是你救了我，你脚受了伤，不能走，我赶快抓住机会说我送你回家。我冒充雷锋就为了那20元钱……！戴鸿，我也说了谎，我也在骗老师和同学！如果我出卖了你，不也就是出卖了我自己吗！

戴鸿：不对！志坚，你是有难处，我是说谎骗人！

志坚：反正都一样。

戴鸿：不一样，就是不一样！虽然说不清，但你这个同学我可要结交一辈子！

志坚：谢谢！

戴鸿：那就别走，在这儿吃晚饭。

志坚：好吧！要不要我帮忙做饭？

戴鸿：不用，我们家有保姆，是爸妈专为我请的。她现在可能去买菜去了，一会儿，我们就等着吃吧。

志坚：（这时看看四周，赞叹地）戴鸿，你们家好宽，好气派。

戴鸿：这是我爸妈的卧室和书房。那是我的房间，这是我的专用电脑和小书房，供我一个人学习。用餐在这，前面还有一个大客厅。怎么样？

还行吧!

志坚:(看到门前换鞋处想起什么)戴鸿,我换一下鞋吧!

戴鸿:不用了,今天就免了,反正请的有保姆,弄脏了也会打扫的,不用担心。来,咱们开电脑打游戏吧!(拉志坚去电脑桌前)

志坚:你自己玩我不会。

戴鸿:没关系,我教你,我们从初级开始。

志坚:不用了,我们家买不起电脑,又没钱上网吧,不学算了。你玩吧,向你的"传奇"四十级进攻吧!

戴鸿:怎么?不够朋友了吧!

志坚:这样吧,我看书。

戴鸿:看书!那可多的是。看这儿,我的书柜上,什么数学、物理、化学、英语、复习参考专辑,历届考试大纲都有。

志坚:看过吗?

戴鸿:看那么多干嘛,哪有这个好玩(指电脑),学校课堂上还没有看够啊!

志坚:这资料太棒了,爸妈给你买的?

戴鸿:当然啰!

志坚:那你学习成绩怎么那样差?

戴鸿:这就要怪它了。(指电脑)

戴鸿:停。别说了,你来看。(带志坚到爸妈书柜前,指点给志坚看)这个房间还有满满几书柜,都是我妈买的,随便你看。

(志坚走向前,看着前面大书柜浏览书目)

志坚:世界名著……这么多。《三国演义》、《红楼梦》、《家》、《春》、《秋》、《雷雨》、《围城》、《悲剧的诞生》、《文心雕龙》,鲁迅、郭沫若、老舍、钱钟书……(大声的)戴鸿,你小子真有福气,你们家有这么多书!

戴鸿:什么?福气,你看看,那些书比新华书店的还新,我可从来没有翻过。那堆东西,哪有电脑游戏精彩。说实话,学习上,你是正数第一,我是倒数第一;打游戏,在我们学校,我是独孤求败,找不到敌手!

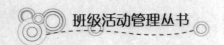

志坚：戴鸿，我劝你还是抓紧点时间搞点学习吧，以后总不能靠打游戏上大学养活自己吧！

（志坚说完，完全沉浸在书本之中去了。）

戴鸿：我可还没有想那么多，管它呢，还是先打着游戏，"传奇"，到了四十几级了再说！志坚，把你喜欢的书抱着，到我爸妈书房去看吧，那儿很安静。我呢，（指电脑）还是玩它吧！

（戴鸿强推志坚进书房，志坚顺从地进屋了。）

戴鸿：哎，兰姨怎么还没回来？买菜要买这么长时间呀！哎哟，我肚子都饿得不行了。真是的！（继续玩游戏）

兰姨从舞台左侧门外上。她双手各提一大袋沉重的菜，精神疲倦，脚步缓慢。把菜放到餐桌上，再坐到椅子上捶腿和腰。抬头看见戴鸿已回家，在电脑上打游戏，歉意地倒上一杯茶给戴鸿送去。

兰姨：戴鸿，今天怎么回来得这么早呀。来！先喝杯水。

戴鸿：兰姨，学校春游我没去。兰姨，快去做饭吧，我肚子都饿坏了，哎，今天多做一个人的饭，我的好同学来家玩，在妈书房看书。兰姨，多做几个菜，我要好好招待他！

兰姨：戴鸿，怎么不陪着同学看书学习，只顾一个人玩？呆会儿你爸一回来看见你又打游戏，会像上星期一样又要打你一顿，兰姨就不好再劝了。

（戴鸿停下键盘，扭过头来。）

戴鸿：兰姨，我说，你只是我们家请来的保……！怎么当起老师教训我了？兰姨，我肚子饿了，快去做饭吧。

（兰姨愣了一下，走向餐桌艰难地把菜一提起来，拿到厨房去做饭。）

（戴鸿看着兰姨步履稍显疲惫地走向厨房关心地问。）

戴鸿：兰姨，怎么了？病了吗？

兰姨：没事，没事！（兰姨下）

戴鸿：我爸妈不知怎么搞的，请个保姆来管我，你看她病病歪歪地，又喜欢多管闲事。哼！我爸妈都管不住我，你算什么？

（志坚拿着一本厚厚的书从书房走出来，一边走一边聚精会神地朗诵

106

着……)

（戴鸿看见志坚看书看得如此专注，大声、好笑地对志坚说。）

戴鸿：志坚！志坚！我说，你真是个书呆子。这些书就这么有意思吗？你看你，好像有了书别的什么都不存在了！难怪你会是我们班上的题霸！

（志坚回过神来，笑了笑。）

志坚：书中自有黄金屋，书中自有颜如玉，你这儿的书太多了，太好了，简直是个小图书馆，以后借几本给我看，行不？

戴鸿：没问题，借多少都行。想吃饭了吧？我也是，家里的保姆她做事也太慢了。

志坚：我不饿，我再看一会书。哎，你看这一段，有意思吧？

戴鸿：（接过书，看了看……）没意思，我还是玩我的游戏吧。（边打边念叨着）生命诚可贵，爱情价更高；若为游戏故，二者皆可抛！

（志坚看着他，笑了笑，自己又在一旁专注地看书了。）

（不一会儿，系着围裙的兰姨从厨房里出来，拿着两副碗筷摆在桌子上，返身下。）

戴鸿：开饭了咯，题霸，书呆子，出来吃饭了咯！

（戴鸿说完，走进书房把志坚拉出来，坐在餐桌边。戴鸿拿起筷子敲打着等菜饭上来。志坚看着，起身准备去厨房帮忙，戴鸿拉着他。）

戴鸿：坐着，别去！这些保姆全都会干好的，不然花钱请她来干什么？

（兰姨端着两盘菜上来，边走边说。）

兰姨：戴鸿，我给你们做了你最喜欢吃的苦瓜炒蛋和生爆盐煎肉，饿坏了吧。快吃。

（兰姨说话的时候，志坚神情大变，如五雷轰顶，一下震住了！）

兰姨看到志坚的一刹那，愣住了！正准备喊出来，好像想到了什么，缩回端菜的手捂住嘴巴，转身快步离开餐桌，下意识地拿着拖把艰难拖地。

（戴鸿没有注意到两人的神情，端起饭碗。）

戴鸿：志坚，还愣着干什么！吃饭啊，别客气呀，快吃，我是饿得不行了。

（志坚神色紧张，但马上扭转过来，强作笑脸地应付着同学的邀请，拿起饭碗吃饭。看着兰姨忙碌的样子，志坚神色凄惶。）

志坚：戴鸿，兰……她不和我们一起吃吗？

戴鸿：她从来不和我们家的人一起吃，我们吃完饭后她再吃。

（志坚紧皱着眉头，难于下咽。）

（戴鸿刚吃了一口菜，又看了一下另一盘菜，抬头又看见志坚，目呆神情，皱了皱眉头，大声说。）

戴鸿：兰姨，你这是盐煎肉呀，这么肥，这苦瓜又这么咸，你叫人怎么吃呀！

（兰姨放下拖把走过来，端起菜）

兰姨：是吗？是兰姨看你们饿了，做得太急了，对不起，我马上重新去做。

戴鸿：重新去做？我在半小时前就开始饿肚子了，还要让我再等几十分钟呀！

（兰姨很为难，端着盘子，放也不是，走也不是。）

戴鸿：兰姨，你这个保姆是怎么当的，这点饭菜都做不好，今天还有我同学呢！你，兰……兰……咳！

志坚：不要再说了，戴鸿。

（志坚突然站起来，打断了戴鸿的话，又转过头来，对兰姨。）

志坚：妈妈，你怎么到这儿当保姆了呢？

（戴鸿指着两个人，恍然大悟的样子，兰姨神智恍惚地坐到沙发上，志坚脸上充满了忧伤。一时气氛尴尬，大家沉默了好一会儿。志坚哽咽着开口了。）

志坚：妈妈，你辛苦了，你受累了！您有风湿病，怎么不好好休息一下！这几天连连下雨，平时在家里不干活都要整天整天的疼，妈妈，你怎么不多休息几天呢？

兰姨：没什么，儿子，老毛病了。如果因为风湿病，几天不来干活，他们家可能就要另外请保姆了，到时我又要到哪里去找活干呢？妈妈在城里找了好几天，才找到这户不错的保姆工作，你读书要钱，你爸爸治病也要钱，妈妈没有文化，没有知识，实在是没办法的呀。坚子，妈妈对不起你，让你在同学面前丢脸了。你不要怪妈妈。妈妈……

（兰姨泣不成声……志坚忍不住流下泪来，神情十分激动。）

志坚：不，妈妈，不要再说了，你没有让我丢脸，你是我心中最伟大的妈妈！爸爸瘫痪了那么多年了，家里的农活全是你一个人干的，还要想方设法为了给爸爸买药和供我读书赚钱。可是你自己的身体也不好啊！我记得，去年春天播种的一个晚上，天突然下着大雨，为了防稻种被雨冲走，你一个人跑到秧田里盖农膜，淋了几个小时的冷雨，一回家就生病了。你为了给爸爸和我省钱，硬是不吃药，在床上烧了几天挺过来了。我当时好害怕呀！妈妈，这世界上我还到哪里去找你这样伟大的妈妈！妈妈，不管你做什么，我都为你自豪。况且，当保姆并不是一件难为情的事。请不要自责，如果你要再自责的话，你不知道儿子会有多么难过。妈妈，现在是我们家最艰苦的时候，我们全家一起努力，我们一定会渡过难关的。

（戴鸿早已泪流满面了。兰姨擦了擦眼泪，点了点头。）

兰姨：坚子，妈妈大道理不知道，但我明白，什么东西都要靠自己想办法，自己去做，才能够做得到。妈虽然很艰难，但是活得很开心，也不会觉得自己缺什么。你们也是呀！

（戴鸿若有所悟，喃喃自语。兰姨转过头来对戴鸿。）

兰姨：戴鸿，你看，我过去没读书受教育，现在只能到你家当保姆，自己的孩子也没有好的条件读书，你打游戏也该收收心了，不然也会像我一样，有了工作，本领不行，没人要，只能来别人家里当保姆干粗活。我看呀，你要抓紧时间，多复习功课看书学习。

志坚：戴鸿，我妈说的是对的，没错，如果只是玩游戏上网，什么"传奇"、"裁决"，打到再高的级别，你能考上大学，找到工作，挣钱买车买房吗？想不想上太空、下深海？那可要真才实学，不是从网吧游戏能学会的。

六、感恩篇

戴鸿：题霸，你得提拔我一下哟，走，去瞧瞧，刚才你让我看的那一段文章！

志坚：行！走！

（戴鸿拉着志坚手走向右侧书房。兰姨看着两个孩子摇了摇头笑了，低头瞟了一下桌上的菜，左手端起一盘，右手向书房挥动。）

兰姨：孩子们，还没有吃饭呢！

（三人拉手谢幕。）

主持人：看完精彩的表演，相信大家都感受颇深，所以各位家长，对孩子的教育不仅仅是打和骂，也不仅仅是满足他们物质上的需要，更多的是了解他们的需要，更多的是了解他们的想法，在他们偏向的时候坚决地伸出辅助之手，在他们前行的时候及时地推上一把。掌握好爱的分寸，才能给孩子一份完整、完美的爱啊！

现在，让我们来做一回帐房先生，这里有一张调查问卷，关于你父母一个月挣多少钱，而你一个月要用多少钱，希望每个同学认真如实的填写……

台下的气氛似乎很激烈，那请允许我征询一下调查结果。（略）

主持人：在这个环节中，同学们都表现得很认真。其实父母给予我们的不仅仅是物质上的支持，在精神上、情感上他们也是不求回报地付出，所以我们应该尽全力用一生去报答他们！

有人把老师比作红烛，照亮别人而燃烧自己；

有人把老师比作园丁，培育桃李开遍天涯海角。

我想，父母也是红烛、园丁，父母为了我们的成长不知付出了多少辛苦，现在让我们把世上最美的康乃馨送给他们。

请欣赏散文朗诵《五月的康乃馨》。

散文朗诵《五月的康乃馨》

五月，应该算是夏天了吧。在这样一个暖暖的季节里，有时容易让人在心里拥有一种小小的满足感。悄悄地，却很难说清是为了一件什么事，一个什么人，一份什么样的心情。不管在哪个月份，都会有花开放在眼里。大概是因为有太多人喜欢花，所以赋予各种花卉不同的花语。而我，总是扮演辜负那些美丽的花语的角色。除了知道玫瑰花代表爱情之外，其他的就很难再说出个一二三了。是什么时候知道了这世界上有一个母亲节的，忘了。只记得是在五月，只记得在那一天要买朵康乃馨给妈妈。康乃馨的花语是什么，对不起，也忘了。只知道它好像是专门献给母亲的花，代表对母亲的爱吗？没有雍容华丽的姿态，没有浓香四溢的味道，只是清清淡淡的样子，很平和，一点也不张扬，像身边日夜操劳、毫无怨言的母亲。

牵着妈妈的手，我们长大了。回过头，再仔细看看妈妈，她没有变，只是有点老了。母亲节虽然是一个洋节，可我们却习惯了每年的五月，每年的这一天，把几朵美丽的康乃馨送到妈妈的手中。只是想着，轻轻地对妈妈说一声：母亲节快乐！只是想着，听妈妈对我们说一声：谢谢！而此时所有的笑都写满感谢！没有更多的语言。

康乃馨一点都不娇气，生命力很强，只要照顾的好，可以在瓶中开一个星期，花瓣也不会显出枯萎。很奇怪，只要看到静静开放在书桌上的康乃馨，不论自己有多不开心的事，多烦，多乱，内心的世界一准会平静如水，清澈如镜，慢慢地演义着过往的岁月，看到母亲，看到我自己，也看到从小到大的家，伴着康乃馨丝丝缕缕的幽香！

喜欢五月，喜欢五月的康乃馨，只因为，它属于母亲！母亲节的时候，为母亲选一大束红色的康乃馨，只因为，常在心里，却不常去表达的一份爱！

多日的爱心浇灌，多日的精心磨砺，您的黑发显出几丝枯黄。

多日的岁月如梭，多日的呕心沥血，您的脸颊写满了丝丝牵挂。

春去秋来，由于您的执着追求，您的眼睛注满了殷殷嘱托。

主持人：最后，让我们怀着深深的敬意，献上我们深深的祝福，献上我们一颗感恩的心。请欣赏歌曲《感恩的心》

六、感恩篇

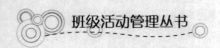

歌曲《感恩的心》

我来自偶然　像一颗尘土
有谁看出我的脆弱
我来自何方　我情归何处
谁在下一刻呼唤我

天地虽宽　这条路却难走
我看遍这人间坎坷辛苦
我还有多少爱　我还有多少泪
要苍天知道我不认输

感恩的心　感谢有你
伴我一生　让我有勇气作我自己
感恩的心　感谢命运
花开花落　我一样会珍惜

我来自偶然　像一颗尘土
有谁看出我的脆弱
我来自何方　我情归何处
谁在下一刻呼唤我

天地虽宽　这条路却难走
我看遍这人间坎坷辛苦
我还有多少爱　我还有多少泪
要苍天知道　我不认输

感恩的心　感谢有你
伴我一生　让我有勇气作我自己
感恩的心　感谢命运
花开花落　我一样会珍惜
感恩的心　感谢有你
伴我一生　让我有勇气作我自己

感恩的心　　感谢命运
花开花落　　我一样会珍惜

（二）"关爱他人，学会感恩"
主题班会

班会准备

1. 准备发言稿，朗诵、合唱、快板等
2. 选出表演者，准备道具，组织节目排练

班会过程

班长：亲爱的同学们，感恩——对我们来说是一个熟悉而又陌生的字眼，也许我们都不曾理解过感恩的真正含义，然而，在我们的身边却存在着无限恩情需要我们去感受，去回报。今天就让我们一起来感恩，学会感恩，未来才会有阳光。所以我们会用所能做到的一切去感谢这个世界，用力所能及的力量来报答一切。下面我宣布"关爱他人，学会感恩"主题班会现在开始。

男：人生有阳光，也有风雨，有成功也会有失败。

女：在迷茫的时候，有人为你指点迷津，让你明确前进的方向。

男：在你跌倒的时候，有人小心把你扶起来，帮你攀上人生的高峰……你最终战胜了苦难，扬帆远航，驶向成功的彼岸，那么你能不心存感激吗？你能不思回报吗？

女：今天我们在一起畅谈感恩，我们首先应该知道为什么感恩，感谁

六、感恩篇

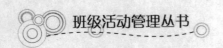

的恩，怎样感恩，同学们能说说自己的认识吗？

生1：感恩是礼貌，有人帮助了我们随便说声"谢谢"，可能给对方心理带来一股暖流。

生2：感恩是安全，妈妈一声唠叨，提醒我一路平安；老师的一个微笑，感化我一世健康；警察的一个手势，指引着我明确人生的斑马线。

生3：有人为我们付出了许多，我们感谢他，他可能会更加帮助我们，怀着感恩的心，是有礼貌，是知恩图报。

生4：感恩是乐观，感谢困难，感谢挫折不是乐观吗？对于我们不甚喜欢的一些人和事物，尽量想到他的正面，想到他对我们的利处，从而去感谢他。

生5：感恩是一种心态，一种品质，一种艺术。

生6：感恩是画笔，学会感恩，将把生活描绘得更精彩，让天更蓝，水更清。

男：同学们说的真好，是的，世界上有一种朴实的爱，它的名字叫母爱，阴雨时节，一把雨伞送来了它的深情，傍晚时分，一杯牛奶送来了它的关怀，琐碎之中，爱在荡漾，爱在澎湃。

女：世界上有一种宽容的爱，它的名字叫父爱。像高山似大海，它包容着一切，那么宽容的父爱，那么博大的胸怀。

男：父爱、母爱那么朴实，那么宽容，又那么伟大，那谁愿意举一举自己生活中的小故事。

学生说自己的事（略）

女：同学们说的太好了！咱班的杨威也想抒发一下自己的情怀，请听配乐诗朗诵《最深情的呼唤》。

配乐诗朗诵《最深情的呼唤》（略）

男：同学们说的真感人，可是有一位小记者却还要考考大家，我们来认识一下。

小记者：大家好！我是某某报的特约小记者，得知大家在此召开"关

爱他人，学会感恩"主题班会，特意赶来祝贺，并给同学们带来一份小礼物——"爱心卡"送给大家，请大家阅读后认真填写，我会把它寄给你们的父母，给你们的父母一份惊喜。

问卷调查：

1. 你母亲的生日是那天？

2. 你给父亲买过生日礼物吗？

3. 你爸爸今年多大了？属什么的？

4. 你母亲最喜欢的是哪套衣服？

5. 你爸爸喜欢喝白酒吗？那他一般喝什么酒？

6. 你知道妈妈最爱吃的菜吗？

小记者：看了同学们填写的爱心卡，我真的很高兴。从爱心卡中我知道，大家都非常热爱自己的父母，知道爸爸妈妈最爱吃什么菜、知道爸爸妈妈最爱穿什么颜色的衣服等。这些会让我们的爸爸妈妈感到欣慰的。他们的爱没有白白付出，他们的爱有我们去回报，我们共同生活在爱的海洋里，我们会其乐融融地生活，我会把你们的爱转达给你们的父母的，再见了，同学们，愿你们学习进步！

女：是的，学会关爱别人，学会感恩，而最应该关爱的是我们的父母，请欣赏歌舞《天下的妈妈都是一样的》。

歌舞《天下的妈妈都是一样的》（略）

男：几位同学表演的太好了，我们再一次为她们鼓掌好吗？

女：不知不觉间，我们长大了，我们父母身上也有了许多的变化！

男：瞧！他们的脸已被爬上了几条皱纹，头发中多了几根白发。

女：瞧！他们的步伐不再矫健，他们的腰背部也不那挺直了！

合：这一切都是为我们操劳的呀！

女：今天，我们要真诚大声地说一声：

合："爸爸、妈妈感谢你们，你们辛苦了！"

男：世界上除了最应感谢的父母之外，还有我们的第二任父母，那就是我们可敬的老师。

女：老师教会了我们做人的道理，就像父母一样无私地关心着我们。

六、感恩篇

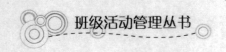

从他们发黑的眼圈和疲惫的面容，就知道他们每天有多辛苦。所以，我们把对老师的一片感激之情都变成一颗颗幸运星，用它们做成美丽的项链，把它送给最最关爱我们的老师。请欣赏小合唱《甜甜的秘密》。

小合唱《甜甜的秘密》（略）

男：老师教我们知识，教会我们做人，为了我们，您默默地耕耘，无私地奉献，我们从心底里感激您。请听尹双月同学亲身经历的小故事。

尹双月的小故事（略）

男："赠人玫瑰，手有余香"每个人都应常怀感恩之心，在学习、生活中，无论怎样都要找到可以感恩的人。请听快板《说感恩》。

快板《说感恩》（略）

女：真精彩，一段快板真是振奋人心呀！只有学会感恩他人，你才可以成为被感恩的人。

男：现在有请班长向大家提出倡议。

班长：同学们，让我们行动起来，从我做起，从身边的小事做起。说感谢之话，怀感动之情，做感恩之事。感谢父母的养育之恩，感谢老师的教诲之恩，感激同学的帮助之恩，感激社会的关爱之恩，感恩一切可感激之人。感恩磨难、感恩生活……让世界因感恩而变得更加美好。

女：让感恩伴我们一生，衷心地感谢父母、老师和朋友，就如一些名言所说。

生1：不要为你所没有的抱怨，要珍惜你所拥有的。——朱德

生2：谁给我一滴水，我便回报他整个大海。——华梅

生3：一颗感谢的心绝不会愤世嫉俗。——陶恕

生4：我一直哭着没有鞋子穿，但等到我知道连双脚也没有的人，我又感觉到幸运之极了。——海伦·凯勒

男：俗话说"点滴之恩，当涌泉相报"，虽然我们不是都能做到涌泉相报，但是起码做到应该有的报恩之心，有感激之情。那么我们应该怎样去做呢？

女：此时此刻，你一定非常感动有许多话想说，让我们大声地说出来吧！

生1：为劳累一天的父母倒一杯热茶，捶捶背，揉揉肩，说说笑话。

生2：帮父母做一次饭，洗洗碗，扫扫地。

生3：我感谢我的老师，因为她每天教我们知识，为我们批改作业，她太辛苦了！

生4：我要陪父母上街买菜，买东西。

生5：我能体谅、理解老师的苦楚，不和她顶嘴、吵架，多为他们着想。

生6：我用自己攒的零用钱为父母买一件喜欢的礼物。

生7：我感谢老师在我生病的时候为我补课。

生8：我想列一张感恩表，记下感恩的故事，感恩的人，时时想着能为他们做些什么。

生9：我要学会反省自己，学会对父母、老师说："对不起"，学会拥抱父母，学会对父母、老师说："谢谢"。

生10：我要走进父母、老师的心灵，倾听他们的心声。

男：学会关爱别人，

女：学会感恩，

合：世界会因此变得更精彩！

男：让我们画着一颗感恩的心，共同唱响爱的旋律吧，请听大合唱《感恩的心》。

歌曲《感恩的心》（略）

女：让我们常怀感恩的心去热爱生活，关爱生活，关爱身边的每一个人吧。

男：下面有请班主任老师讲话。

班主任总结

同学们，今天我们的班会开得非常成功，所有人的表现都非常精彩，尤其是我发现好几位平时上课不太踊跃发言的同学，今天却表现得那么出色，教师真为你们骄傲！

父母和老师的爱是我们生活中的阳光，如春风化雨般给我们无尽的力

六、感恩篇

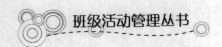

量，我们要像班会中说的那样，学会感恩、学会知恩图报，让爱我们的人对我们充满希望！

就让我们共同行动起来吧，从我做起，从小事做起，让感恩这一中华民族美德永远传承下去！

（三）"感恩的心"主题班会

班会准备

1. 布置教室：准备多媒体教学设备、布置温馨的环境、教室黑板的设计。

2. 准备材料：感人的事例、图片等。

3. 做好调查：（残酷的游戏）

将一张写有"事业、父母、儿女、朋友、妻子/丈夫、自己"字样的纸条一一发给学生。让学生根据自己的思考，划去认为可以先舍弃的，最后只能留下其中的一项。这个过程中，教师要恰当地运用语言让学生体会到舍弃的痛楚。（班主任旁言：请同学们注意，在划的时候，虽然你的右手只是轻轻一划，很简单，但是你一定要想到，一旦你划去了，这样的东西就真的在你生活中消失了。如果你划去的是事业，那么你这一生就会失去生活来源，一生穷困；如果你划去的是朋友，那么你一生剩下的日子里，你的身边就再也没有朋友的呵护和关心，再也听不到他们的笑声……）

4. 准备歌曲及背景音乐：《感恩的心》、《母亲》、《天亮了》等。

5. 设计班会的步骤及串联词。

6. 排练演讲、小品。

主题班会活动设计·道德教育卷

班会过程

主持人：有这样一首诗，大家可能都会记在心里，是孟郊的《游子吟》："慈母手中线，游子身上衣。临行密密缝，意恐迟迟归。谁言寸草心，报得三春晖。"（学生不自觉地跟读，很有气氛）这是一首母亲的赞歌，心存感恩，其实我们最应该感激的是一直以来为我们默默付出、无私的、不求任何回报的，疼我们、爱我们的爸爸妈妈。

主持人：还记得我们做过的一个游戏吗？这个游戏比较残酷，我们姑且给它一个名字，就叫《舍弃》，下面让我们一起来看一下游戏的结果。

（看多媒体课件）

主持人：从结果来看，参加游戏的有 45 位同学，有效票数为 43 票。在这 43 位同学中，有 41 名同学最后将自己的父母保留了下来，这也说明父母在我们心目中的地位。但是这个游戏的过程中，我给大家十分钟的时间，很多同学却没能完成，都在苦苦地思索，进行着心理斗争："到底先舍弃谁？"

大家想想，如果换成父母的话，在选择时，他们思索的时间又会有多少？

事实上，很多时候我们的爸爸妈妈在生与死的瞬间会凭借自己的本能不假思索地、毅然地舍弃自己的生命，把生的希望留给子女。

下面请听这样一个故事，一个真实的催人泪下的故事《天亮了》。

故事《天亮了》

看过 2000 年 3·15 晚会的人们可能都还记得晚会最开始的那首歌——《天亮了》，这是歌手韩红自己创作自己演唱的。可是谁知道这动人的歌声背后，还隐藏着一个催人泪下的故事……

那是 1999 年 10 月 3 日上午，一对年轻的夫妇带着活泼可爱的儿子潘子灏，兴致勃勃地来到贵州省兴义市有着"天沟地缝"之称的马岭河风景区旅游。这里风景优美、气候宜人，每一个游客的脸上都洋溢着欢乐的笑容。中午 11 时 30 分左右，年轻的三口乘坐风景区的缆车准备上山，当时

一次只能乘坐 10 人的缆车，在大家争抢中挤进了 36 人。缆车还是缓缓地开动了，身旁的树木、景色渐渐地移到了脚下，从空中往下看，有一种壮观的美。就要到山顶了……（稍显轻快）

（语气突转）突然，当缆车上到 100 多米高的顶点时，没等他们开门下车，缆车突然下滑，并以极快的速度坠下山底，重重摔到了山下平台上，一场悲剧就发生在这样一个美丽的风景点……（语速慢!!）

这场事故死亡 14 人，伤 22 人，受伤的 22 名游客中，当时只有两岁半的潘子灏因为父母在缆车坠地的一瞬间（加重语气），把他高高举起，给了他第二次生命，而年轻的父母却带着遗憾双双离开了人世。

在生和死的瞬间，父母想到的并不是自己，他们用双手把生的希望留给了儿子，这就是父母之爱啊！

（音乐响起，韩红《天亮了》）

歌曲《天亮了》

那是一个秋天　风儿那么缠绵

让我想起他们　那双无助的眼

就在那美丽风景相伴的地方

我听到一声巨响震彻山谷

就是那个秋天再看不到爸爸的脸

他用他的双肩托起我重生的起点

黑暗中泪水　沾满了双眼

不要离开　不要伤害

我看到爸爸妈妈就这么走远

留下我在这陌生的人世间

不知道未来还会有什么风险

我想要紧紧抓住他的手

妈妈告诉我希望还会有

看到太阳出来　妈妈笑了

天亮了

主持人：大家都被故事里的爸爸妈妈感动了，这种场面，这种永远失去的痛楚，的的确确最能打动我们，也最能触动我们内心深处的脆弱。但是，这种生死离别的场面，失去双亲的情境并不是我们每个人都会经历的。那么，在平凡的生活中，就没有令我们感恩的事了吗？不，当然有！请欣赏情景剧《一碗蟹肉饺》。

情景剧《一碗蟹肉饺》

演员：四名学生（角色：母亲、孩子、老奶奶、小吃店老板）

旁白：故事是这样的：秀秀是个住宿生，每个周末才能回家。每次回家妈妈就会给她做最爱吃的蟹肉饺，这种蟹肉饺做起来相当的麻烦……（略）

主持人：非常感谢这几位同学的倾情演出，也希望每位同学都能在日常生活中用心去感悟父母之爱！

想必大家现在的心情都十分激动，就让我们每人拥有三分钟的时间，闭上眼睛，在《母亲》这首歌中将思想作一个沉淀。抛去一切杂念，用心去体会父母在我们成长过程中的付出。想一想他们干裂的双手、黝黑的面庞；想一想他们日夜操劳的身影、想一想他们带病为我们做饭的情景……

歌曲《母亲》

你入学的新书包有人给你拿

你雨中的花折伞有人给你打

你爱吃的（那）三鲜馅有人（他）给你包

你委屈的泪花有人给你擦

啊这个人就是娘

啊这个人就是妈

这个人给了我生命

给我一个家

啊不管你走多远

无论你在干啥

到什么时候也离不开

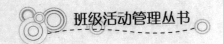

咱的妈

你身在（那）他乡住有人在牵挂

你回到（那）家里边有人沏热茶

你躺在（那）病床上有人（他）掉眼泪

你露出（那）笑容时有人乐开花

啊不管你多富有

无论你官多大

到什么时候也不能忘

咱的妈

主持人：有四位同学为大家准备了一首《感恩的心》手语歌，最后就让我们以这首歌来感恩各位老师，是他们激励着我们接受了这次感恩教育；用这首歌感恩我们的父母，是他们给予了我们生命；用这首歌感恩一切令我们感动的一切……

手语歌《感恩的心》（四位同学表演，全体学生同唱，略）

班主任总结

其实在现实生活中我们该感恩的又何止自己的父母呢？我们还想感恩谁？还应感恩谁？亲人、朋友、同学、提供帮助的陌生人等，都是我们感恩的对象。感恩的心，感谢生命。心存感恩，知足惜福。心存感恩，会让一句简单的话语充满神奇的力量，让那些琐碎的小事一下子变得无比亲切起来。

七、友爱篇

　　团结友爱，与人真诚交往是学生的优良品质和健康心理素质的具体表现。未来社会对人才的需求，是多方面的综合素质，尤其是与人合作的意识尤为重要。随着科学技术的高速发展，仅靠一个人"闭门造车"式的创造已不可能，这就更加需要人们学会与他人合作、共处。这种合作意识产生于与同学之间的团结友好交往中。

　　作为一名中学生如何做到团结互助友爱呢？首先，团结互助友爱应该是真诚的，以诚相待是做人的基本原则，绝不能因为存在竞争而变得虚假。其次，要正确理解团结互助友爱的实质，要讲原则。俗话说"千金易得，知己难求"，交友贵在知心，必须"慎择"，"结有德之友，绝无义之朋"这是团结友爱的保证。每个人都有自己的长处，也有自己的缺点和不足。所谓"取长补短"就是这个道理，为了共同进步，我们要做到在讲原则的前提下，在思想上求同存异；在行动上，齐心协力；在学习生活上，互相帮助。

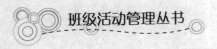

关于友爱的格言谚语

爱人者，人恒爱之；敬人者，人恒敬之。

——孟子

君子之交淡若水，小人之交甘若醴；君子淡以亲，小人甘以绝。

——庄周

君子不镜于水，而镜于人。镜于水，见而之容；镜于人，则知凶与吉。

——墨翟

朋而不心，面朋也；友而不心，面友也。

——扬雄

夫将帅者，必与士卒同滋味而共安危，敌万可加。

——黄石公

良友结则辅仁之道弘矣。

——葛洪

落地为兄弟，何必骨肉亲？

——陶潜

独柯不成树，独树不成林。

——郭茂倩

爱出者爱返，福往者福来。

——魏征

兄弟敦和睦，朋友笃信诚。

——陈子昂

海内存知己，天涯若比邻。

——王勃

大凡敦厚忠信，能攻吾过者，益友也；其谄媚轻薄，傲慢亵狎，导人为恶者，损友也。

——朱熹

君子与君子以同道为朋；小人与小人以同利为朋。

——欧阳修

人有急难，倾财救之。

——李肇

内睦者家道昌，外睦者人事济。

——林逋

砥砺岂必多，一璧胜万珉。

——吴嘉记

友情在过去的生活里，就像一盏明灯，照彻了我的灵魂，使我的生存有了一点点光彩。

——巴金

友谊是两颗心真诚相待，而不是一颗心对另一颗心的敲打。

——鲁迅

友谊就是栖于两个身体中的同一灵魂。

——亚里士多德

世界上没有比友谊更美好，更令人愉快的东西了；没有友谊，世界仿佛失去了太阳。

——西塞图

连一个高尚朋友都没有的人，是不值得活着的。

——德谟克利特

在世上，诚实的人最尊重，最珍视的莫过于真正的朋友，这种朋友可以说是另一个自我。忠诚的朋友是千金难买的。

——塔西佗

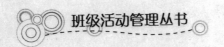

朋友——真正的朋友——之间毫无保留，财产共有。

——欧里庇得

真正的朋友是这样一种人：他们襟怀坦荡，为人正直，有求必应，勇于冒险；他们能忍受一切，勇敢地牺牲一切，对朋友永不变心。一切亲人并不都是朋友，而只有那些有共同利害关系的才是朋友。

——德谟克利特

没有真正的朋友实在是凄凉孤独。如果没有朋友，这世界只是荒野一片。

——培根

朋友间有误会应当坦率地交换看法，不可背地诽谤；有过失应当面规劝之，在背后则应赞扬他的优点。把友谊限于两人范围之内的人，似乎把明智的友谊的安全感与爱的妒嫉和蠢举相混淆。

——亚当·斯密

友谊是灵魂的结合，这个结合是可以离异的，这是两个敏感、正直的人之间心照不宣的契约。

——伏尔泰

一个真正的朋友是所有好处中最大的好处，却也是人们打算获得的所有东西中考虑得最少的。

——拉罗什富科

助人为乐的人确实有。不过只有毫无嫉妒之心能衷心祝愿你幸福的人，才堪称真正的朋友。

——海涅

了解一个人的朋友实际上创造了那个人。

——罗曼·罗兰

朋友间必须是患难相济，那才能说得上是真正的友谊。

——莎士比亚

朋友应比国王更重要。

——伏尔泰

兄弟可能不是朋友，但朋友常常如兄弟。

——富兰克林

朋友看朋友是透明的，他们彼此交换着生命。

——罗曼·罗兰

什么是朋友？朋友就是你可以精诚相待的人。

——弗·克兰

友情是天堂，没有它就像地狱；友情是生命，没有它就意味着死亡。

——威·莫里斯

友谊，那心灵的神秘的结合者！生活的美化者，社会的巩固者！

——罗伯特·布拉克

怯懦的朋友在叛离之后，会成为最凶残的仇敌。

——埃·斯宾塞

只有宽广而聪慧的心灵，始终能发现友爱之情。

——海涅

挑选朋友要慎重，更换朋友要更慎重。

——富兰克林

像橡树般一寸寸起来的友情，要比像瓜蔓般突然蹿起来的友情更为可靠。

——夏洛蒂·勃朗特

友谊在别的事情上都是可靠的，在恋爱的事情上却不能信托；所以恋人们都是用他自己的唇舌。谁生着，让他自己去传达情愫吧，总不要请别人代劳；因为美貌是一个女巫，在她的魔力之下，忠诚是会在热情里溶解的。

——莎士比亚

友谊既不需要奴隶，也不允许有统治者，友谊喜欢平等。

——冈察洛夫

一个人倒霉至少有这么一点好处，可以认清谁是真正的朋友。

——巴尔扎克

富贵固然和友谊的好坏无关，但是贫穷却最能考验朋友憎爱分明的

七、友爱篇

真假。

——莎士比亚

唯有对人慷慨大度，赞扬人家的优美，我们才能赢得朋友。

——艾佛林·恩德希尔夫

和你一同笑过的人，你可能把他忘掉，但是和你一同哭过的人，你却永远不忘。

——纪伯伦

朋友间保持一定的距离，能使友谊永存。

——查理士

友情的纽带，或会因情绪激动而绷紧，但决不可折断。

——林肯

周围都有好朋友的人，比四面楚歌的人不知幸福多少。

——卡内基夫人

世间最美好的东西，莫过于有几个头脑和心地都很正直的严正的朋友。

——爱因斯坦

忠厚是友谊的桥梁，欺骗是友谊的敌人。

——维吾尔族谚语

性情爽朗的人，身边总是有三个朋友。

——哈萨克族谚语

英雄见了英雄爱，虎豹见虎豹欢；如果要了解一个人，就看他的朋友。

——蒙古族谚语

向你的朋友学好，对着你的影子整装。

——蒙古族谚语

甘蔗从顶往下越吃越甜，友谊的时间越长越诚挚。

——维吾尔族谚语

朋友的深情，刀子砍不断。

——维吾尔族谚语

衣服新的好，朋友老的好。

主题班会活动设计·道德教育卷

——维吾尔族谚语

用蜜来诱你的不是好朋友，忠言逼谏你的才是好朋友；对你严肃的面孔，那是一盏明灯。

——柯尔克孜族谚语

获得朋友的唯一途径，是要自己够得上一个朋友；要想吸引朋友，必须有好的品性。

——欧洲谚语

卑鄙与狡诈的开始，就是友谊的终结。

——欧洲谚语

朋友之间的意见，不要留到第二天。

——非洲谚语

朋友的一拳，胜过敌人的一吻。

——非洲谚语

不信任朋友比被朋友所骗更丢脸。

——英国谚语

过分的称赞会损害友谊，朋友间最凶猛的瘟疫便是谄媚。

——英国谚语

除了一个真心的朋友之外，没有一样药剂是可以通心。

——英国谚语

为朋友而死不难，难在找一个值得为之而死的朋友。

——英国谚语

从另一个人的诤言中所得来的光明，比从他自己的理解力、判断力中所得出的光明更干净纯粹。

——英国谚语

友谊像婚姻一样，其维持有赖于避免不可宽恕的事情。

——美国谚语

真正的友情，是一株成长缓慢的植物。

——美国谚语

七、友爱篇

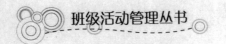

人没有好朋友，就不会看到自己的缺点。

　　　　　　　　　　　　　　　　　　——俄罗斯谚语

敌人的笑脸能伤人，朋友的责难是友爱。

　　　　　　　　　　　　　　　　　　——俄罗斯谚语

友谊中的小争吵如在食物中加些胡椒粉一样好。

　　　　　　　　　　　　　　　　　　——匈牙利谚语

（一）　俞伯牙与钟子期

　　春秋时期，俞伯牙擅长于弹奏琴弦，钟子期擅长于听音辨意。有次，伯牙来到泰山（今武汉市汉阳龟山）北面游览时，突然遇到了暴雨，只好滞留在岩石之下，心里寂寞忧伤，便拿出随身带的古琴弹了起来。刚开始，他弹奏了反映连绵大雨的琴曲，接着，他又演奏了山崩似的乐音。恰在此时，樵夫钟子期忍不住在临近的一丛野菊后叫道："好曲！真是好曲！"原来，在山上砍柴的钟子期也正在附近躲雨，听到伯牙弹琴，不觉心旷神怡，在一旁早已聆听多时了，听到高潮时便情不自禁地发出了由衷的赞赏。

　　俞伯牙听到赞语，赶紧起身和钟子期打过招呼，便又继续弹了起来。伯牙凝神于高山，赋意在曲调之中，钟子期在一旁听后频频点头："好啊，巍巍峨峨，真像是一座高峻无比的山啊！"伯牙又沉思于流水，隐情在旋律之外，钟子期听后，又在一旁击掌称绝："妙啊，浩浩荡荡，就如同江河奔流一样呀！"伯牙每奏一支琴曲，钟子期就能完全听出它的意旨和情趣，这使得伯牙惊喜异常。他放下了琴，叹息着说："好呵！好呵！您的听音、辨向、明义的功夫实在是太高明了，您所说的跟我心里想的真是完

全一样，我的琴声怎能逃过您的耳朵呢?"

二人于是结为知音，并约好第二年再相会论琴。可是第二年伯牙来会钟子期时，得知钟子期不久前已经因病去世。俞伯牙痛惜伤感，难以用语言表达，于是就摔破了自己从不离身的古琴，从此不再抚弦弹奏，以谢平生难得的知音。

（二） 管仲与鲍叔牙

从前，齐国有一对很要好的朋友，一个叫管仲，另外一个叫鲍叔牙。年轻的时候，管仲家里很穷，又要奉养母亲，鲍叔牙知道了，就找管仲一起投资做生意。做生意的时候，因为管仲没有钱，所以本钱几乎都是鲍叔牙拿出来投资的，可是，当赚了钱以后，管仲却拿的比鲍叔牙还多，鲍叔牙的仆人看了就说："这个管仲真奇怪，本钱拿的比我们主人少，分钱的时候却拿的比我们主人还多!"鲍叔牙却对仆人说："不可以这么说!管仲家里穷又要奉养母亲，多拿一点没有关系的。"

有一次，管仲和鲍叔牙一起去打仗，每次进攻的时候，管仲都躲在最后面，大家就骂管仲说："管仲是一个贪生怕死的人!"鲍叔牙马上替管仲说话："你们误会管仲了，他不是怕死，他得留着他的命去照顾老母亲呀!"管仲听到之后说："生我的是父母，了解我的人可是鲍叔牙呀!"

后来，齐国的国王死掉了，大王子诸当上了国王，诸每天吃喝玩乐不做事，鲍叔牙预感齐国一定会发生内乱，就带着公子小白逃到莒国，管仲则带着公子纠逃到鲁国。

不久之后，大王子诸被人杀死，齐国真的发生了内乱，管仲想杀掉小白，让纠能顺利当上国王，可惜管仲在暗算小白的时候，把箭射偏了，小白没死，后来，鲍叔牙和小白比管仲和纠还早回到齐国，小白就当上了齐国的国王。

七、友爱篇

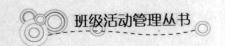

　　小白当上国王以后，决定封鲍叔牙为宰相，鲍叔牙却对小白说："管仲各方面都比我强，应该请他来当宰相才对呀！"小白一听："管仲要杀我，他是我的仇人，你居然叫我请他来当宰相！"鲍叔牙却说："这不能怪他，他是为了帮他的主人纠才这么做的呀！"小白听了鲍叔牙的话，请管仲回来当宰相，而管仲也真的帮小白把齐国治理的非常好呢！

　　后来，大家在称赞朋友之间有很好的友谊时，就会说他们是"管鲍之交"。

（三）　马克思与恩格斯

主题班会活动设计·道德教育卷

　　马克思于 1818 年 5 月 5 日诞生于普鲁士莱茵省特利尔城一个律师的家里，青年的马克思就有着改造社会的强烈愿望并付诸行动，因而他受到反动政府的迫害，长期流亡在外。1844 年，马克思在巴黎认识了恩格斯，共同的信仰使彼此把对方看得比自己都重要，马克思长期的流亡，生活很苦，常常靠典当，有时竟然连买邮票的钱都没有，但他仍然顽强地进行他的研究工作和革命活动。

　　恩格斯为了维持马克思的生活，他宁愿经营自己十分厌恶的商业，把挣来的钱源源不断地寄给马克思，他不但在生活上帮助马克思，在事业上，他们更是互相关怀，互相帮助，亲密地合作。他们同住伦敦时，每天下午，恩格斯总到马克思家里去，一连几个钟头，讨论各种问题；分开后，几乎每天通信，彼此交换对政治事件的意见和研究工作的成果。

　　他们之间的关怀还表现在时时刻刻设法给予对方以帮助，都为对方在事业上的成就感到骄傲。马克思答应给一家英文报纸写通讯稿时，还没有精通英文，恩格斯就帮他翻译，必要时甚至代他写。恩格斯从事著述的时候，马克思也往往放下自己的工作，编写其中的某些部分。

　　马克思和恩格斯合作了 40 年，建立起了伟大的友谊，共同创造了伟大的马克思主义。正如列宁所说的"古老的传说中有各种各样非常动人的友谊故事，后来的欧洲无产阶级可以说，它的科学时由两位学者和战友创造的。他们的关系超过了古人关于人类友谊的一切最动人的传说"。

（一）"团结友爱，风雨同舟"
主题班会

班会准备

1. 提前安排主持人，设计活动步骤。

2. 提前准备小品，安排做游戏时所需要的道具，同时确定好参与活动的同学。

3. 布置好班级的桌椅。

班会过程

男：有缘千里来相会，无缘相逢不相识。

女：我们十分有缘地相识在某班这个大家庭里，我们盼望在这个集体中学有所成。

男：盼望在同学中建立深厚的友谊，找到自己的归属感；

女：盼望在这个集体中展示自己的风采，发挥自己的才能；

男：流沙不能凝集成塔；

女：建材的团结却能建立起巍峨的大厦；

七、友爱篇

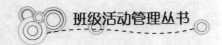

合：这种力量就叫做凝聚力。

女：现在我宣布某班主题班会正式开始。

活动一：游戏"报纸上叠罗汉"。

在地上铺四张报纸，4个组各派5名同学出来比赛。首先，打开报纸，让5名同学站在上面，坚持两分钟，而且脚不能踏出报纸。第二轮，将报纸对折，5个同学仍要站在报纸上坚持两分钟，但脚绝对不能踏出报纸。脚踏出的组出局。第三轮，再将报纸第二次对折，5个同学要想尽一切办法挤在一块小小的报纸上，并坚持两分钟。依此类推，最有办法坚持下去的五个同学将会胜出，每人获得一份小礼物。

主持人：玩这个游戏，需要有什么精神才能胜出？如果我们只想着自己，而不屑被别人碰触，那么我们大家都知道这个队输定了。在一个集体里，同学们都是一样的重要。集体就像一个家，对待其他人就得像对待家人那样，要用心，要热情，而不能冷漠地将其推开。

活动二：小品《尴尬的局面》。

情景：运动会的报名工作就要结束了，可是某班的报名者却寥寥无几。对于这个活动，体育委员又再一次地去动员同学。

体委（哀求的语气）："小宁，现在还没有人报名参加长跑，而你又擅长长跑，这次运动会你就代表我们班参赛吧？"

小宁（事不关己）："我不去，要去你自己去。这么多同学，为什么要我参加？"

体委（无奈）："为了我们班的利益，你就参赛吧！报名为我们班争光！"

小宁（愤愤不平）："班级又不是我一个人的，不关我的事。"（说完转身就走出教室）

体委无可奈何，只能动员其他的同学了。但刚才还在谈笑风云的同学一看见体委过来，立刻走出教室。

讨论：某班的同学为什么不愿意报名参加运动会？这个班集体存在什

主题班会活动设计·道德教育卷

么问题？

主持人：我们班上也存在这种现象，这是集体不团结的表现。一个集体如果不团结的话，哪还有胜利可言。所以，通过这次活动，我们大家要维护班级荣誉，团结起来，共同努力，把我们班建设成为全校最优秀的班集体。不管是平时的活动还是学习生活上，我们都希望能以自己是某班的一分子而自豪，总之，某班是我们的家，我们要爱自己的家。

活动三：语言接力赛

事先把全班同学分成四组，每组人数一样多。从每组第一个同学开始，一人说一句，一直接下去，中间不能说错，如果错了，就得从头开始。比一比，看哪一组说得最好，时间花的最少，这一组就成为优胜小组了。接力的语言是：一只青蛙，一张嘴，两只眼睛，四条腿；两只青蛙，两张嘴，四只眼睛，八条腿；三只青蛙……

活动开始，老师开始计时。

主持人：小制作需要合作，玩游戏也需要合作。通过玩游戏，我们学会了合作、团结，学会了融入集体，将个人的力量和集体融合，也许个人与集体擦出的火花并不那么光亮，但是几十、几百个人的力量却是惊人的，因为"众人拾柴火焰高"。所以，当你遇到困难时，别忘了集体是你的依靠，而当集体遇到困难时，更别忘了你是集体的一分子，集体和个人是分不开的，我们应该学会团结与合作。

活动四：学生感言

主持人：看了那么多，玩了那么多，相信大家都有很多想法很多话想跟大家分享一下吧？现在给大家 3 分钟讨论，然后请大家回答一下。

学生 A：通过这次活动，我认识到一个班级一定要有团队精神。只有同学之间互相团结，才能干好事情。

学生 B：团结是一个队伍获胜的前提，也是一个班构建文明班的重要条件。

学生 C：过去我太不应该，我总是不乐意参加班集体组织的活动，不愿

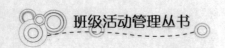

意配合他人，没有认识到团结对于自己、他人、班级的重要性。今后我一定会积极参与班上的活动，为我们班做点力所能及的事情。

男：有人把班集体比喻为一个大熔炉，班里的同学则像一块块煤炭。

女：大家想要得到温暖，都必须把自己点燃，放进去的煤炭越多，烧的越旺，那我们的班集体也就越温暖。

男：我们要记住：温暖的班集体是全班同学的热情和爱凝聚起来的。

女：现在请我们的老师就这次班会活动来一个点评。

班主任总结

这个世界上并非每个人的成就都是个人的，它们的成功凝聚着千千万万人的汗水和泪水。团结、合作的力量是巨大的，是足以创造奇迹的。

人生路上，我们难免会有挫折、失败和困难。有时候并不是一个人的力量就可以解决的。它需要合作、需要团结。很多时候人是需要被帮助的，也许独来独往是自己的个性，但是当自己不能解决的时候，你会忽然发现原来融入集体是那么重要。

我希望通过这次活动，我们同学能够团结起来，共同把我们班建设成为一个团结友爱、风雨同舟的班级。让我们在这个充满着友爱、温暖的大家庭里健康成长。

（二）"团结友爱"主题班会

班会准备

装有四个拴了线的球的瓶子，音响，相机一台，音乐，版头设计，其他文件。

班会过程

男：敬爱的老师

女：亲爱的同学

合：上午好！（鞠躬）

男：欢迎来到我们 06 电子班举行的"团结友爱"的主题班会现场，对于你们的到来我们表示热烈的欢迎和衷心的感谢！（掌声）

男：告别了中学，迈进了茂名第一职业技术学校的新天地，我们组成了 06 电子新的集体。

女：自从来了 06 电子班这个大家庭，我很骄傲也很自豪……

男：在这里我们建立了友谊；

女：在这里我们展示了自己的风采；

男：一滴水，只有放进大海才不会干涸；

女：一个人，只有融进集体，才能展现他的才华和生命的价值。

男：流沙不能聚集成塔；

女：建材的团结却能建立起巍峨的大厦；

合：下面我宣布：某班主题班会现在正式开始。

女：好，我们首先进行第一个节目：小测试——山洞解围。

男：大家也许注意到了，我手中有一个瓶子，还有四个拴着线的球。这个瓶子代表一个山洞，这四个球代表四个同学。有一天，这四个同学在山洞里玩。同学们玩得正高兴呢，突然地下水冒了出来。如果在山洞中玩的人是你，这时候该怎么办？大家注意，这个山洞每次只能一个人进出。请同学们举手参加模拟测试。

女：参加测试的同学，只要把拴球的线往外拉就可以了，这代表这你向山洞外跑。

男：如果大家能成功把球拉出，就可以在山洞中解围，得到逃生。

女：下面请某某四位同学。

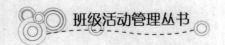

假设第一组同学均未拉出，第一组结束。

男：大家看到了，这一组同学一起朝洞口跑，结果谁也没有逃出来。那么，大家是否有办法可以顺利、快速地拉出小球呢，还有哪些同学想试试？（只有试过了才能知道你是否可以成功哦。）

女：好，请某某四位同学。

假设第二组测试成功了，四个同学依次拉出了小球。

男：他们这一组成功了，每个人都逃了出来。

乙：好，那大家是否可以发现两次测试的区别呢，为什么第一组不成功，而第二组可以顺利拉出呢？

男：我们请他们说说他们拉出小球的技巧好不？

女：好，请……

某个同学回答：我们是依次向外面拉，也就是一个一个地向山洞口跑，虽然后面的有可能没有被拉出来，可能被水淹死，但是别人有可能获救。而如果大家都使劲往外跑，而不顾别人，可能大家都会被塞在洞口，一起遇难。所以，这个说明了集体合作的作用。

男：他说得对，我们要把他人和集体利益放在第一位，要为他人着想。

女：不知其他同学看了这个小测试之后有什么感想呢，是否也可以悟出什么道理或者想法呢？

男：有哪位同学想说说自己的观点？

女：好，请。

男：俗话说：一个篱笆三个桩，一个好汉三个帮。一滴水只有融入大海才永远不会干涸，一个人只有自己的力量和集体事业融合在一起的时候才最有力量！

女：一年来，我们班在班黑板报、篮球赛等活动中都取得了较好的成绩，这令我们感到无比的光荣，成绩的取得依靠了我们大家的努力。下面，我们向各位老师和同学们介绍（汇报）我们班在才艺等方面有特长的同学。

男：在体育方面有特长的同学有谢文。（掌声）

女：在墙报制作方面有特长的同学有蔡维。（掌声）

男：在我们文艺专业方面有特长的同学有何武、潘水。（掌声）

女：这些同学都能用自己的特长，积极地为集体增光添彩，我们向他们表示感谢！（掌声）

男：在全体同学的集体积极配合和努力下，我们班曾经获得了好多奖项，比如：

女：06－07学年，曾经获得军训第三名

男：06－07学年，曾经获得获得黑板报第二名

男：07－08学年，曾经获得男子篮球赛第五名

女：07－08学年，曾经获得黑板报第二名（掌声）

男：这些同学曾经给我们班争取了荣誉，不知道他们有何感想呢？

女：好，请蔡维同学。

蔡维：我想对大家说……

男：在大家的团结友爱下，我们大家都为班集体争取了不少荣誉。

女：这些荣誉都来之不易，但它已经成为过去。

男：对，我们现在要面对未来，将来我们要以什么姿态走下去呢，大家有什么感想，想法呢？

女：好，我们进入第三个环节：我想对大家说。

男：说说心里话，说说你在这个班级集体中的一些感受、感想和感动。

女：哪个同学作第一发言呢？

男：好，请某同学。

某同学发言（略）

男：听了同学们的发言，我们感到，在集体生活中，如果大家形成同心力，自觉地加强集体荣誉感，为集体争光，自觉遵守校纪、班规，敢于批评损害集体利益的不良现象，勇于进行自我批评，那么，这个集体就会因每位同学的存在而更加美好。

七、友爱篇

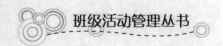

女：俗话说："一人拾柴火不旺，众人拾柴火焰高！""一花独放不是春，百花盛放春满园。"正因为如此，我们每个人都应该从自我做起，自觉维护我们的集体，为集体贡献力量。

男：下面我们以《朋友》这首歌来表达我们对友情的解释和理解。

女：请大家起立。

周华健《朋友》

这些年一个人　　风也过雨也走

有过泪有过错　　还记得坚持什么

真爱过才会懂　　会寂寞会回首

终有梦终有你在心中

朋友一生一起走　　那些日子不再有

一句话一辈子　　一生情一杯酒

朋友不曾孤单过　　一声朋友你会懂

还有伤还有痛　　还要走还有我

班主任总结

同学们，团结友爱，互相协作，不仅是人们生存和发展的条件，也是现代社会发展对人们的要求。随着科学技术的高速发展，仅靠一个人"闭门造车"式的创造已不可能，这就更加需要人们学会与他人合作、共处。一次班级活动，一次打扫卫生，离不开你、我、他的共同协作。我们生活在集体中，集体因我们变得温暖起来，集体靠我们这些成员巩固、完善、加强。同学们，让我们从现在做起吧，为营造一个团结、和谐的班集体而努力。

主题班会活动设计·道德教育卷

（三）"真心相处"主题班会

班会准备

1. 排练小品《师生关系》。
2. 回顾体现班级团结友爱的动人事例：沈 X 受伤后……
3. 体现集体力量相互协调，配合的游戏"运球"。
4. 准备与主题有关的磁带等。

班会过程

（主持人甲、乙微笑着走上讲台）

甲：各位老师，同学好！人生活在社会中，相互交际，必然会涉及人际关系，人际关系处理得正确与否会直接影响我们的学习，工作，生活……

乙：（跑上）呀，急死人，真急死人。

甲：（惊讶）怎么了？

乙：刚才小周、小王对我说，他们有了一点小问题，请你帮忙。

甲：这可不行，我正在主持有关人际关系的德育课呢！

乙：真巧，他们遇到的也正是这个问题。

甲：是吗，那好，让我们大家看看，他们到底有什么难题。

小品《师生关系》

（放学铃响，教室门口）

小周：（手拿教科书）总算上完了，快把我整死了！

小王：（背着书包，关心地）怎么了？

小周：（惊讶地）你没感觉吗？爱因斯坦在解释相对论时说，如果你身边坐着一位美女，那么一小时就好像是一分钟，很快就过去了，但你身边如果坐着一个丑八怪，那么一分钟就像一小时。上课嘛，就像度日如年！

小王：（应和）哈！你真绝，不过这新老师也真够丑的，又矮，又胖，真像个大冬瓜。

小周：（狡黠地）不如我们以后就叫她"大冬瓜"吧！

女教师：（手拿一把伞，怀抱教科书走来，听到了小王、小周的一部分谈话一愣）小王、小周，你们有什么问题吗？

小王、小周：不……不……没……没问题。

（小品暂停了）

乙：遇到这样的事的确难办，请同学们对小王、小周的行为谈谈自己的想法和看法。

（学生 A、B、C、D 轮流发言，内容略）

甲：同学们谈得很好。作为学生，首先要尊重老师，特别是尊重老师的人格，这是建立良好师生关系的前提，也是我们学习取得成功的基础。那么如果你是小王或小周该怎么办呢？

（学生 E、F、G 谈看法，内容略。）

乙：犯了错误我们应该勇敢地承认错误，汲取教训，今后不再重犯。下面，我们来看看这位女教师是如何处理这个问题的呢？

（小品表演）

女老师：小周、小王，学习中有什么问题请提出，老师在教学中必然有许多不足之处，请你们提意见，帮助我提高教育水平，教学相长嘛！

小周、小王：老师，对不起，我们不该……

女老师：不该什么，不该不把精力放在学习上是吧！

小周、小王：是……是……

（这时传来一阵雷声，接着下起雨来）

女老师：今天天色已晚了，天又下雨了。你们把这把伞带上回去吧。

小周、小王：（激动）不，老师您用吧……

女老师：不，你们路远。请带上吧！

小周、小王：……

（小品结束）

甲：一场雨化解了师生之间的隔膜，一把伞撑起了老师与同学之间的友谊，那友谊定会像雨后的彩虹一样美丽。实际上，即使没有这场大雨，老师一样会用博大的胸怀去包容和爱护她的学生。而我们的学生也应该用诚挚的心去尊敬和爱戴老师。

乙：其实我们不但要处理好与教师的关系，更要处理好与我们朝夕共处的同学间的关系。

甲：我们的班级，虽然组建不久，但我们这个集体的每一个成员都能感受到集体的温暖，感受到老师的关怀和同学们的关心。当你感到身体不适时总有人问寒问暖，端水送饭；当你感到心理压力过大，精神不振时，总有人关心鼓励。上个月小沈同学受伤后就充分地体现了我班师生之间，同学之间的友谊。下面请小沈同学谈谈自己的感想。

（小沈谈了自己受伤后，老师、同学多次到医院去看他，给他安慰，帮他补课的感人事迹，谈到后来热泪盈眶，非常激动。）

乙：听了小沈同学的发言，我很感动，同学们的感受怎么样？

（同学纷纷表态发言）

甲：的确感动！这就是我们的班级———一个团结友爱的集体。感动之余，不如让我们轻松一下，做个游戏，看看我们彼此间的合作，协调与默契怎样。

乙：（宣布比赛规规）我们采用淘汰赛的方式，请六位同学参加，分三组，每次每组两位同学背向背，顶着一个篮球，如果中途球掉了，应从头开始。每次优胜者再参加第二轮比赛，依此类推，看看哪组配合得最好。最终决出优胜者。

七、友爱篇

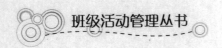

甲：预备，开始。

（两人用背部协作运球比赛，过程略）

乙：经过一番紧张的比赛，终于决出了胜负，请同学们谈一谈自己从中得到什么启示？

（同学 H、L、J……谈启示，主要强调同学之间的配合、协调是取胜的法宝。）

甲：生活不是游戏，但生活中需要人们的互相配合。

乙：团结就是力量，互助就是动力，我们在生活中需要发扬互帮互学的精神。

甲：我们从刚才的小品中已感到了我们的师生情。

乙：我们从小沈的故事中体会到了同学谊。

甲：我们从小小的游戏中认识到了人与人之间和谐合作的重要性。

乙：没有友爱的人生就好像没有灯光的黑暗。我们应该好好珍惜他人的爱，并努力奉献自己的爱。

甲：无论是过去，现在，还是将来，只要你付出友爱，你一定会得到别人的关怀。要把这个世界变得更美好，需要你我他共同用友情去装点。

乙：是的，用你真诚的友爱与别人相处，付出你的真诚去换取别人的真诚；付出你的友情去换取别人的友情。这样，若干年后，当我们回味这段学生生活时，一定会如陈年的女儿红一般又香又醇……在此，真心地为你们祝福，祝愿大家沐浴在友爱和谐的海洋中。

班主任总结

人是社会的人，社会是人的社会，我们的学习、生活和事业离不开相互间的帮助和支持，社会的进步与发展离不开人们的共同合作与奋斗。因此我们作为一代跨世纪的青年人，应该正确处理好人际关系，真正学会做人。学会做人，首先要学会尊重人，理解人，做到心中有他人，心中有全局。

让我们在今后的学习、生活、工作中，多贡献自己的爱和热，愿我们大家都能感受到集体的温暖，沐浴到和谐的阳光。

主题班会活动设计·道德教育卷

（四）"团结友爱，共创和谐班级"
主题班会

班会预备

选出一位同学为诗歌朗诵做好准备，选出八位同学为小表演做准备，报纸三张，多媒体。

班会过程

主持人：今天，一拖再拖的班会课终于可以进行了，虽然班会内容简朴，但是意义不小。这个班会的初衷是结合本班情况所定的，目的就在于希望同学们能在班会过程中认真地总结，努力地思索凝聚力在我们班集体中重要性。

在班会开始之前，应某某和某某，两位喜欢唱歌的同学的要求，我让他们在我们班级中展示了自己的风采。接着在《相亲相爱一家人》的歌声中，开始我们的班会课。

歌曲《相亲相爱一家人》

（男）我喜欢一回家就有暖洋洋的灯光在等待

（女）我喜欢一起床就看到大家微笑的脸庞

（男）我喜欢一出门就为了家人和自己的理想打拼

（女）我喜欢一家人心朝着同一个方向眺望　哦

（男）我喜欢快乐时马上就想要和你一起分享

七、友爱篇

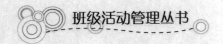

（女）我喜欢受伤时就想起你们温暖的怀抱

（男）我喜欢生气时就想到你们永远包容多么伟大

（女）我喜欢旅行时为你把美好记忆带回家

（女）因为我们是一家人

（男）相亲相爱的一家人

（男）有缘才能相聚

（女）有心才会珍惜

（男）何必让满天乌云遮住眼睛

（女）因为我们是一家人

（男）相亲相爱的一家人

（男）有福就该同享，有难必然同当

（男合）用相知相守换地久天长

（女）我喜欢一回家就把乱糟糟的心情都忘掉

（女）我喜欢一起床就带给大家微笑的脸庞

（男）我喜欢一出门就为了个人和世界的美好打拼

（女）我喜欢一家人梦朝着同一个方向创造　哦

（女）当别人快乐时好像是自己获得幸福一样

（女）当别人受伤时我愿意敞开最真的怀抱

（男）当别人生气时告诉他就算观念不同不必激动

（男）当别人需要时我一定卷起袖子帮助他

（女合）因为我们是一家人

（男合）相亲相爱的一家人

（合）有缘才能相聚　有心才会珍惜

（合）何必让满天乌云遮住眼睛

（女合）因为我们是一家人

（男合）相亲相爱的一家人

（合）有福就该同享　有难必然同当

（合）用相知相守换地久天长

（男）处处为你忧心　一直最忧我情

（男）请你相信这份感情值得感激　哦

（女合）因为我们是一家人

（男合）相亲相爱的一家人

（男）有缘才能相聚　有心才会珍惜

（男）何必让满天乌云遮住眼睛

（合）因为我们是一家人

（男合）相亲相爱的一家人

（合）有福就该同享　有难必然同当

（合）用相知相守换地久天长

短剧表演《最后的答案》

眼睛：我是人体中最重要的部位，有了我，人们可以看见世间所有的光明，不被黑暗蒙蔽，可以选择阳光大道去行走，避免一些黑暗的冲突。人们有了我，可以迈过前方的险阻。

鼻子：不，我才是人体中最重要的部位。大自然生活中的所有芳香，人类都是通过我闻到的香味，享受到了大自然的芳香。假如没有我，人类将无法呼吸，无法净去空气中的尘埃，让支气管得到新鲜的氧气，否则人们都会奄奄一息，无法生存。

嘴巴：不是的，我也可以为人类提供氧气，供他们呼吸，只是不能净化罢了。但是我可以替人们品尝餐桌的美味佳肴，让人们满足爱吃的欲望，可以通过我替人类补充营养物质。

耳朵：不对，不对！我才是人体最重要的部位，如果没有我，你们就不能听到任何声音，更不要说什么悠扬的音乐了，别人说的任何事，都不能执行，所以我才是最重要的。

脑袋：我是脑袋，我是司令部，你们这群小兵，全都要听我的。我让你们向东，就不能向西。不然，我就罢工了，让你们全部瘫软。

手：不要争了，我才是人身体最重要的部分呢！我的作用最大，没听说吗？劳动创造财富，没有手，怎么劳动啊？有我在，才有钱花呀！

脚：你们说的都不对！我才是人体中最重要的部位，人们有了我，不论道路平坦，还是崎岖，都可以走过。我才是人体最重要的部位。

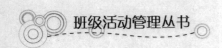

人：好了，不要说了。让我这个人类评论一下吧！你们都是人体的最重要部分。你们应该团结一致，携手共进，才能创造更加美好的未来！

游戏一：语言接力赛

游戏规则：从每组第一个同学开始，一人说一句，一直接下去，中间不能说错，如果错了，就得从头开始。比一比，看哪一组说得最好，时间花的最少，时间花最多的一组要接受惩罚。接力的语言是：一只青蛙，一张嘴，两只眼睛，四条腿；两只青蛙，两张嘴，四只眼睛，八条腿；三只青蛙……

惩罚方法：全小组合唱《团结就是力量》。

诗歌朗诵《和谐大家庭》

啊 朋友 亲爱的朋友

你和我 生长在社会的同一个家庭

虽说是姓氏有别 性别不同

但人之初 性本善的祖训

使我们懂得了人世间的真诚

啊 朋友 亲爱的朋友

都说是家家有本难念的经

我们在喜怒哀乐中解读着人生

纵然有暴风骤雨的无情泼洒

只要我们有爱心的搀扶

就能走过风雨 见到彩虹

和谐大家庭 春风暖融融

阳光普照 锦绣前程

和谐大家庭 春风暖融融

阳光普照 我们共享和谐人生

啊 朋友 亲爱的朋友

你和我 生长在社会的同一个家庭

虽说是工作有别 事业不同

但爱之心 情之诚的格言

使我们感受着社会间的真情

啊 朋友 亲爱的朋友

都说是家家有本难念的经

我们在悲欢离合中延续着民风

纵然有纷乱矛盾的苦苦缠绕

只要我们有和谐的心态

就能创造幸福 共享人生

和谐大家庭 春风暖融融

阳光普照 锦绣前程

和谐大家庭 春风暖融融

阳光普照 我们共享和谐人生

游戏二：众志成城

游戏规则：在地上摆三张报纸，3 个组各派 4 名同学出来比赛。首先，打开报纸，让 4 名同学站在上面，坚持 1 分钟，而且脚不能踏出报纸。第二轮，将报纸对折，4 个同学仍要站在报纸上坚持 1 分钟，但脚绝对不能踏出报纸。脚踏出的组出局。第三轮，再将报纸第二次对折，4 个同学要想尽一切办法挤在一块小小的报纸上，并坚持 1 分钟。依此类推，最有办法坚持下去的 4 个同学将会胜出，每人获得一份小礼物。

班主任总结

同学们刚刚从四周八方走进一新的班级，在新的环境、新的集体中，我们正在急切地寻找着自己的位置。这时候，培养大家的集体观念是非常重要的。在班集体中使学生明白团结力量大，在生活中、学习中发扬团结友爱的精神，才能促进个人的健康成长，才能更好地维护集体的荣誉，办好事情。这次活动旨在增强班级的凝聚力，使我班的同学们以饱满的热情投入到学习中，以更加团结的态度共同创建我们的和谐班级。很开心能够与孩子们度过开心的时刻，不知道同学们有没有感受到这份力量呢？

七、友爱篇

八、爱国篇

　　爱国主义教育是全民教育，爱国才能爱家，一个人只有爱国才能是有道德的。爱国主义教育的主要对象是青少年。一方面，青少年是祖国的未来和希望，是我们社会主义事业的战略预备队；另一方面，中学生年龄小，阅历浅，辨别力差，可塑性强，在当前风云多变，我国改革开放不断深入发展的情况下，对热爱祖国产生了一些不健康的，甚至是错误的认识。所以，加强对中学生进行爱国主义教育是一项紧迫而又重要的任务。要把爱国主义教育贯穿到教书育人的全过程中去，这其中主题班会是极为有效灵活的方式。

　　对中学生进行爱国主义教育要围绕改革开放和现代化建设主题，突出时代性。爱国主义在不同时期有不同的主题，加强新时期青少年爱国主义教育要紧紧围绕改革开放和现代化建设这样一个大的主题，让青少年懂得自己的学习和工作与国家的前途命运是紧紧联系在一起的。要教育青少年刻苦学习，勤奋工作，为国家的改革开发和现代化建设贡献自己的全部智慧和力量。

关于爱国的格言

常思奋不顾身，而殉国家之急。

—— 司马迁

一身报国有万死，双鬓向人无再青。

—— 陆游

夜视太白收光芒，报国欲死无战场！

—— 陆游

位卑未敢忘忧国。

—— 陆游

天下兴亡，匹夫有责。

—— 炎武

瞒人之事弗为，害人之心弗存，有益国家之事虽死弗避。

—— 吕坤

各出所学，各尽所知，使国家富强不受外侮，足以自立于地球之上。

—— 詹天佑

人民不仅有权爱国，而且爱国是个义务，是一种光荣。

—— 徐特立

不辞艰险出夔门，救国图强一片心；莫谓东方皆落后，亚洲崛起有黄人。

—— 吴玉章

我们爱我们的民族，这是我们自信心的泉源。

—— 周恩来

锦绣河山收拾好，万民尽作主人翁。

—— 朱德

八、爱国篇

祖国如有难，汝应作前锋。

—— 陈毅

我死以后，把我的骨灰送家乡……把它埋了，上头种一棵苹果树，让我最后报答家乡的土地，报答父老乡亲。

—— 彭德怀

我荣幸地以中华民族一员的资格，而成为世界公民。我是中国人民的儿子。我深情地爱着我的祖国和人民。

—— 邓小平

惟有民魂是值得宝贵的，惟有他发扬起来，中国才有真进步。

—— 鲁迅

一个人对人民的服务不一定要站在大会上讲演或是作什么惊天动地的大事业，随时随地，点点滴滴地把自己知道的、想到的告诉人家，无形中就是替国家播种、垦殖。

——傅雷

我爱我的祖国，爱我的人民，离开了它，离开了他们，我就无法生存，更无法写作。

—— 巴金

我有我的人格、良心，不是钱能买的。我的音乐，要献给祖国，献给劳动人民大众，为挽救民族危机服务。

—— 冼星海

锦城虽乐，不如回故乡；乐园虽好，非久留之地。归去来兮。

—— 华罗庚

我死国生，我死犹荣，身虽死精神长生，成功成仁，实现大同。

—— 赵博生

恨不抗日死，留作今日羞。国破尚如此，我何惜此头。

—— 吉鸿昌

中国人搞出的理论，首先要为中国人服务。

—— 吴仲华

一个人只要热爱自己的祖国，有一颗爱国之心，就什么事情都能解

主题班会活动设计·道德教育卷

决。什么苦楚，什么冤屈都受得了。

——冰心

我重视祖国的利益，甚于自己的生命和我珍爱的儿女。

——莎士比亚

爱祖国的人不会憎恨人类。

——丘吉尔

人类最高的道德是什么？那就是爱国之心。

——拿破仑

为祖国而死，那是最美的命运啊！

—— 大仲马

我们为祖国服务，也不能都采用同一方式，每个人应该按照资禀，各尽所能。

—— 歌德

热爱自己的祖国是理所当然的事。

—— 海涅

所谓爱国心，是指你身为这个国家的国民，对于这个国家，应当比对其他一切的国家感情更深厚。

——萧伯纳

我所谓共和国里的美德，是指爱祖国、也就是爱平等而言。这并不是一种道德上的美德，也不是一种基督教的美德，而是政治上的美德。

—— 孟德斯鸠

假如我是有一些能力的话，我就有义务把它献给祖国。

—— 林耐

我们波兰人，当国家遭到奴役的时候，是无权离开自己祖国的。

—— 居里夫人

祖国，我永远忠于你，为你献身，用我的琴声永远为你歌唱和战斗。

—— 肖邦

我是你的，我的祖国！都是你的，我的这心、这灵魂；假如我不爱

八、爱国篇

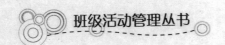

你，我的祖国，我能爱哪一个人？

—— 裴多菲

我的爱首先要献给我的国家，然后，再总体地献给全人类。

——托马斯·杰弗逊

爱国主义就是千百年来巩固起来的对自己祖国的一种最深厚的感情。

——列宁

为了国家的利益，使自己的一生变为有用的一生，纵然只能效绵薄之力，我也会热血沸腾。

—— 果戈理

只有热爱祖国，痛心祖国所受的严重苦难，憎恨敌人，这才给了我们参加斗争和取得胜利的力量。

—— 阿·托尔斯泰

一般就在部分之中；谁不属于自己的祖国，那么他也就不属于人类。

—— 别林斯基

爱国心再和对敌人的仇恨用乘法乘起来——只有这样的爱国心才能导向胜利。

—— 奥斯特洛夫斯基

科学没有国界，科学家却有国界。

—— 巴甫洛夫

我无论作什么，始终在想着，只要我的精力允许我的话，我就要首先为我的祖国服务。

——巴甫洛夫

爱国主义的力量多么伟大呀！在它面前，人的爱生之念，畏苦之情，算得是什么呢！在它面前，人本身也算得是甚么呢！

—— 车尔尼雪夫斯基

热爱祖国，这是一种最纯洁、最敏锐、最高尚、最强烈、最温柔、最有情、最温存、最严酷的感情。一个真正热爱祖国的人，在各个方面都是一个真正的人。

—— 苏霍姆林斯基

祖国更重于生命，是我们的母亲，我们的土地。

—— 聂鲁达

（一）苏武牧羊

匈奴自从被卫青、霍去病打败以后，双方有好几年没打仗。他们口头上表示要跟汉朝和好，实际上还是随时想进犯中原。

匈奴的单于一次次派使者来求和，可是汉朝的使者到匈奴去回访，有的却被他们扣留了。汉朝也扣留了一些匈奴使者。

公元前 100 年，汉武帝正想出兵打匈奴，匈奴派使者来求和了，还把汉朝的使者都放回来。汉武帝为了答复匈奴的善意表示，派中郎将苏武拿着旌节，带着副手张胜和随员常惠，出使匈奴。

苏武到了匈奴，送回扣留的使者，送上礼物。苏武正等单于写个回信让他回去，没想到就在这个时候，出了一件倒霉的事儿。

苏武没到匈奴之前，有一个生长在汉朝的匈奴人，叫卫律，在出使匈奴后投降了匈奴。单于特别重用他，封他为王。

卫律有一个部下叫做虞常，对卫律很不满意。他跟苏武的副手张胜原来是朋友，就暗地跟张胜商量，想杀了卫律，劫持单于的母亲，逃回中原去。

张胜很表示同情，没想到虞常的计划没成功，反而被匈奴人逮住了。单于大怒，叫卫律审问虞常，还要查问出同谋的人来。

苏武本来不知道这件事。到了这时候，张胜怕受到牵连，才告诉苏武。

苏武说："事情已经到这个地步，一定会牵连到我。如果让人家审问以后再死，不是更给朝廷丢脸吗？"说罢，就拔出刀来要自杀。张胜和随员常惠眼快，夺去他手里的刀，把他劝住了。

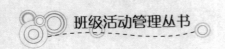

虞常受尽种种刑罚，只承认跟张胜是朋友，说过话，拼死也不承认跟他同谋。

卫律向单于报告。单于大怒，想杀死苏武，被大臣劝阻了，单于又叫卫律去逼迫苏武投降。

苏武一听卫律叫他投降，就说："我是汉朝的使者，如果违背了使命，丧失了气节，活下去还有什么脸见人。"又拔出刀来向脖子抹去。

卫律慌忙把他抱住，苏武的脖子已受了重伤，昏了过去。

卫律赶快叫人抢救，苏武才慢慢苏醒过来。

单于觉得苏武是个有气节的好汉，十分钦佩他。等苏武伤痊愈了，单于又想逼苏武投降。

单于派卫律审问虞常，让苏武在旁边听着。卫律先把虞常定了死罪，杀了，接着，又举剑威胁张胜，张胜贪生怕死，投降了。

卫律对苏武说："你的副手有罪，你也得连坐。"

苏武说："我既没有跟他同谋，又不是他的亲属，为什么要连坐？"

卫律又举起剑威胁苏武，苏武不动声色。卫律没法，只好把举起的剑放下来，劝苏武说："我也是不得已才投降匈奴的，单于待我好，封我为王，给我几万名的部下和满山的牛羊，享尽富贵荣华。先生如果能够投降匈奴，明天也跟我一样，何必白白送掉性命呢？"

苏武怒气冲冲地站起来，说："卫律！你是汉人的儿子，做了汉朝的臣下。你忘恩负义，背叛了父母，背叛了朝廷，厚颜无耻地做了汉奸，还有什么脸来和我说话。我决不会投降，怎么逼我也没有用。"

卫律碰了一鼻子灰回去，向单于报告。单于把苏武关在地窖里，不给他吃的喝的，想用长期折磨的办法，逼他屈服。

这时候正是入冬天气，外面下着鹅毛大雪。苏武忍饥挨饿，渴了，就捧了一把雪止渴；饿了，扯了一些皮带、羊皮片啃着充饥。过了几天，居然没有饿死。

单于见折磨他没用，便把他送到北海（今贝加尔湖）边去放羊，跟他的部下常惠分隔开来，不许他们通消息，还对苏武说："等公羊生了小羊，才放你回去。"公羊怎么会生小羊呢，这不过是说要长期监禁他罢了。

苏武到了北海，旁边什么人都没有，唯一和他作伴的是那根代表朝廷的旌节。匈奴不给口粮，他就掘野鼠洞里的草根充饥。日子一久，旌节上的穗子全掉了。

一直到了公元前85年，匈奴的单于死了，匈奴发生内乱，分成了三个国家。新单于没有力量再跟汉朝打仗，又打发使者来求和。那时候，汉武帝已死去，他的儿子汉昭帝即位。

汉昭帝派使者到匈奴去，要单于放回苏武，匈奴谎说苏武已经死了。使者信以为真，就没有再提。

第二次，汉使者又到匈奴去，苏武的随从常惠还在匈奴。他买通匈奴人，私下和汉使者见面，把苏武在北海牧羊的情况告诉了使者。使者见了单于，严厉责备他说："匈奴既然存心同汉朝和好，不应该欺骗汉朝。我们皇上在御花园射下一只大雁，雁脚上拴着一条绸子，上面写着苏武还活着，你怎么说他死了呢？"

单于听了，吓了一大跳。他还以为真的是苏武的忠义感动了飞鸟，连大雁也替他送消息呢。他向使者道歉说："苏武确实是活着，我们把他放回去就是了。"

苏武出使的时候，才四十岁。在匈奴受了十九年的折磨，胡须、头发全白了。回到长安的那天，长安的人民都出来迎接他。他们瞧见白胡须、白头发的苏武手里拿着光杆子的旌节，没有一个不受感动的，说他真是个有气节的大丈夫。他受尽磨难而终得归汉的传奇经历，不知激励了多少中华民族的热血男儿。

（二）岳飞精忠报国

岳飞（公元1103～1142年），南宋军事家，民族英雄。字鹏举，相州汤阴（今属河南）人。少时勤奋好学，并练就一身好武艺。岳飞父岳和，

八、爱国篇

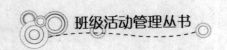

母姚氏，世代务农。岳飞青少年时先后向周同、陈广学习射箭、枪技，成为全县武艺最高强的人，但因家境贫困，后到相州（今安阳），"为韩魏公（琦）家庄客，耕种为生"。19岁时投军抗辽。不久因父丧，退伍还乡守孝。公元1126年金兵大举入侵中原，岳飞再次投军，开始了他抗击金军，保家为国的戎马生涯。传说岳飞临走时，其母姚氏在他背上刺了"精忠报国"四个大字，这成为岳飞终生遵奉的信条。

岳飞投军后，很快因作战勇敢升秉义郎。这时宋都开封被金军围困，岳飞随副元帅宗泽前去救援，多次打败金军，受到宗泽的赏识，称赞他"智勇才艺，古良将不能过"。同年，金军攻破开封，俘获了徽、钦二帝，北宋王朝灭亡。靖康二年五月，康王赵构登基，是为高宗，迁都临安，建立南宋。岳飞上书高宗，要求收复失地，被革职。岳飞遂改投河北都统张所，任中军统领，在太行山一带抗击金军，屡建战功。后复归东京留守宗泽，以战功转武功郎。宗泽死后，从继任东京留守杜充守开封。

建炎三年（公元1129年），金将兀术率金军再次南侵，杜充率军弃开封南逃，岳飞无奈随之南下。是年秋，兀术继续南侵，改任建康（今江苏南京）留守的杜充不战而降。金军得以渡过长江天险，很快就攻下临安、越州（今绍兴）、明洲等地，高宗被迫流亡海上。岳飞率孤军坚持敌后作战。他先在广德攻击金军后卫，六战六捷。又在金军进攻常州时，率部驰援，四战四胜。次年，岳飞在牛头山设伏，大破金兀术，收复建康，金军被迫北撤。从此，岳飞威名传遍大江南北，声震河朔。七月，岳飞升任通州镇抚使兼知泰州，拥有人马万余，建立起一支纪律严明、作战骁勇的抗金劲旅"岳家军"。

绍兴三年（公元1133年），岳飞因剿灭李成、张用等"军贼游寇"，得高宗奖"精忠岳飞"的锦旗。次年四月，岳飞挥师北上，击破金傀儡伪齐军，收复襄阳、信阳等六郡。岳飞也因功升任清远军节度使。同年十二月，岳飞又败金兵于庐州（今安徽合肥），金兵被迫北还。绍兴五年（公元1135年），岳飞率军镇压了杨么起义军，从中收编了五六万精兵，使"岳家军"实力大增。

绍兴六年（公元1136年），岳飞再次出师北伐，攻占了伊阳、洛阳、商州和虢州，继而围攻陈、蔡地区。但岳飞很快发现自己是孤军深入，既无援兵，又无粮草，不得不撤回鄂州（今湖北武昌）。此次北伐，岳飞壮志未酬，写下了千古绝唱的名词《满江红》：

> 怒发冲冠，凭栏处、潇潇雨歇。
> 抬望眼，仰天长啸，壮怀激烈。
> 三十功名尘与土，八千里路云和月。
> 莫等闲，白了少年头，空悲切！
> 靖康耻，犹未雪；
> 臣子恨，何时灭？
> 架长车，踏破贺兰山阙！状志饥餐胡虏肉，笑谈渴饮匈奴血。
> 待从头，收拾旧山河，朝天阙！

绍兴七年（公元 1137 年），岳飞升为太尉。他屡次建议高宗兴师北伐，一举收复中原，但都为高宗所拒绝。绍兴九年（公元 1139 年），高宗和秦桧与金议和，南宋向金称臣纳贡。这使岳飞不胜愤懑，上表要求"解罢兵务，退处林泉"，以示抗议。次年，兀术撕毁和约，再次大举南侵。岳飞奉命出兵反击。相继收复郑州、洛阳等地，在郾城大破金军精锐铁骑兵"铁浮图"和"拐子马"，乘胜进占朱仙镇，距开封仅四十五里。兀术被迫退守开封，金军士气沮丧，发出"撼山易，撼岳家军难"的哀叹，不敢出战。

在朱仙镇，岳飞招兵买马，连络河北义军，积极准备渡过黄河收复失地，直捣黄龙府。他激动地对诸将说"直捣黄龙府，与诸君痛饮耳！"这时高宗和秦桧却一心求和，连发十二道金字牌班师诏，命令岳飞退兵。岳飞抑制不住内心的悲奋，仰天长叹："十年之功，毁于一旦！所得州郡，一朝全休！社稷江山，难以中兴！乾坤世界，无由再复！"他壮志难酬，只好挥泪班师。

岳飞回临安后，即被解除兵权，任枢密副使。绍兴十一年（公元 1141 年）八月，高宗和秦桧派人向金求和，金兀术要求"必杀飞，始可和"。秦桧乃诬岳飞谋反，将其下狱。绍兴十一年十二月二十九日（公元 1142 年元月 28 日），秦桧以"莫须有"的罪名将岳飞毒死于临安风波亭，是年

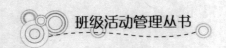

岳飞仅三十九岁。其子岳云及部将张宪也同时被害。岳飞遇害后，临安义士隗顺，负尸越城，草草地埋葬于九曲丛祠旁。

岳飞死后二十年（1162 年），宋孝宗赵眘为岳飞平反昭雪。隗顺的后代看到寻找岳飞遗体的告示后，即将九曲丛祠傍的岳飞初瘗（yì）地报告了临安府。南宋朝廷于同年十月十六日，正式恢复岳飞少保，武胜定国军节度使、武昌郡开国公的官爵，同年十二月十八日，按隆重的一品葬礼将岳飞遗体迁葬于西湖边的栖霞岭下，即今日游客们瞻观的杭州西湖岳飞庙内岳飞墓所在地，墓前树碑"宋岳鄂王墓"。淳熙五年（公元 1178 年），谥武穆。宋宁宗嘉泰四年（公元 1204 年）追封鄂王。宋理宗宝庆元年（公元 1225 年），改谥忠武。

岳飞善于谋略，治军严明，其军以"冻死不拆屋，饿死不掳略"著称。在其戎马生涯中，他亲自参与指挥了 126 仗，是名副其实的常胜将军。岳飞无专门军事著作遗留，其军事思想，治军方略，散见于书启、奏章、诗词等。岳飞善诗词书法，留下了《满江红·怒发冲冠》等充满爱国激情的佳作和《前出师表》、《还我河山》等名帖。后人将岳飞的文章、诗词编成《岳武穆遗文》，又名《岳忠武王文集》。岳飞精神已成为中华民族的巨大精神财富，"岳母刺字"、"精忠报国"的千古佳话，将代代传颂。

（三）文天祥死不降元

文天祥（公元 1236～1283 年），吉州庐陵（今江西吉安）人，原名云孙，字天祥。选中贡士后，他以天祥为名，改字履善。宝佑四年（公元 1256 年）中状元后，他又改字宋瑞，后号文山。历任签书镇南（今江西南昌）军节度判官厅公事、刑部郎官、江西提刑、尚书左司郎官、湖南提刑、知赣州等职。

宋恭帝德佑元年（公元 1275 年）正月，因元军大举进攻，宋军的长江防线全线崩溃，朝廷下诏让各地组织兵马勤王。文天祥立即捐献家资充当军费，招募当地豪杰，组建了一支万余人的义军，开赴临安。宋朝廷委任文天祥知平江府，命令他发兵援救常州，旋即又命令他驰援独松关。由于元军攻势猛烈，江西义军虽英勇作战，但最终也未能挡住元军兵锋。

次年（公元 1276 年）正月，元军兵临临安，文武官员都纷纷出逃。谢太后任命文天祥为右丞相兼枢密使，派他出城与伯颜谈判，企图与元军讲和。文天祥到了元军大营，却被伯颜扣留。谢太后见大势已去，只好献城纳土，向元军投降。

元军占领了临安，但两淮、江南、闽广等地还未被元军完全控制和占领。于是，伯颜企图诱降文天祥，利用他的声望来尽快收拾残局。文天祥宁死不屈，伯颜只好将他押解北方。行至镇江，文天祥冒险出逃，经过许多艰难险阻，于景炎元年（公元 1276 年）五月二十六日辗转到达福州，被宋端宗赵昰（shì）任命为右丞相。

文天祥对张世杰专制朝政极为不满，又与陈宜中意见不合，于是离开南宋行朝，以同都督的身份在南剑州（治今福建南平）开府，指挥抗元。不久，文天祥又先后转移到汀州（治今福建长汀）、漳州龙岩、梅州等地，联络各地的抗元义军，坚持斗争。景炎二年（公元 1277 年）夏，文天祥率军由梅州出兵，进攻江西，在雩都（今江西于都）获得大捷后，又以重兵进攻赣州，以偏师进攻吉州（治今江西吉安），陆续收复了许多州县。元江西宣慰使李恒在兴国县发动反攻，文天祥兵败，收容残部，退往循州（旧治在今广东龙川西）。祥兴元年（公元 1278 年）夏，文天祥得知南宋行朝移驻厓山，为摆脱艰难处境，便要求率军前往，与南宋行朝会合。由于张世杰坚决反对，文天祥只好作罢，率军退往潮阳县。同年冬，元军大举来攻，文天祥在率部向海丰撤退的途中遭到元将张弘范的攻击，兵败被俘。

文天祥服毒自杀未遂，被张弘范押往厓山，让他写信招降张世杰。文天祥说："我不能保护父母，难道还能教别人背叛父母吗？"张弘范不听，一再强迫文天祥写信。文天祥于是将自己前些日子所写的《过零丁洋》一诗抄录给张弘范。张弘范读到"人生自古谁无死，留取丹心照汗青"两句

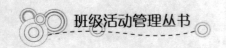

时，不禁也受到感动，不再强逼文天祥了。

南宋灭亡后，张弘范向元世祖请示如何处理文天祥，元世祖说："谁家无忠臣？"命令张弘范对文天祥以礼相待，将文天祥送到大都（今北京），软禁在会同馆，决心劝降文天祥。

元世祖首先派降元的原南宋左丞相留梦炎对文天祥现身说法，进行劝降。文天祥一见留梦炎便怒不可遏，留梦炎只好悻悻而去。元世祖又让降元的宋恭帝赵㬎（xiǎn）来劝降。文天祥北跪于地，痛哭流涕，对赵㬎说："圣驾请回！"赵㬎无话可说，怏怏而去。元世祖大怒，于是下令将文天祥的双手捆绑，戴上木枷，关进兵马司的牢房。文天祥入狱十几天，狱卒才给他松了手缚，又过了半月，才给他褪下木枷。

元朝丞相孛罗亲自开堂审问文天祥。文天祥被押到枢密院大堂，昂然而立，只是对孛罗行了一个拱手礼。孛罗喝令左右强制文天祥下跪。文天祥竭力挣扎，坐在地上，始终不肯屈服。孛罗问文天祥："你现在还有甚么话可说？"文天祥回答："天下事有兴有衰。国亡受戮，历代皆有。我为宋尽忠，只愿早死！"孛罗大发雷霆，说："你要死？我偏不让你死。我要关押你！"文天祥毫不畏惧，说："我愿为正义而死，关押我也不怕！"

从此，文天祥在监狱中度过了三年。在狱中，他曾收到女儿柳娘的来信，得知妻子和两个女儿都在宫中为奴，过着囚徒般的生活。文天祥深知女儿的来信是元廷的暗示：只要投降，家人即可团聚。然而，文天祥尽管心如刀割，却不愿因妻子和女儿而丧失气节。他在写给自己妹妹的信中说："收柳女信，痛割肠胃。人谁无妻儿骨肉之情？但今日事到这里，于义当死，乃是命也。奈何？奈何！……可令柳女、环女做好人，爹爹管不得。泪下哽咽哽咽。"

狱中的生活很苦，可是文天祥强忍痛苦，写出了不少诗篇。《指南后录》第三卷、《正气歌》等气壮山河的不朽名作都是在狱中写出的。

元世祖至元十九年（公元 1282 年）三月，权臣阿合马被刺，元世祖下令籍没阿合马的家财、追查阿合马的罪恶，并任命和礼霍孙为右丞相。和礼霍孙提出以儒家思想治国，颇得元世祖赞同。八月，元世祖问议事大臣："南方、北方宰相，谁是贤能？"群臣回答："北人无如耶律楚材，南人无如文天祥。"于是，元世祖下了一道命令，打算授予文天祥高官显位。文天祥的一些降元旧友立即向文天祥通报了此事，并劝说文天祥投降，但遭到文天祥的拒绝。十二月八日，元世祖召见文天祥，亲自劝降。文天祥对元世祖仍然是长揖不跪。元世祖也没有强迫他下跪，只是说："你在这里的日子久了，如能改心易虑，用效忠宋朝的忠心对朕，那朕可以在中书省给你一个位置。"文天祥回答："我是大宋的宰相。国家灭亡了，我只求速死。不当久生。"元世祖又问："那你愿意怎么样？"文天祥回答："但愿一死足矣！"元世祖十分气恼，于是下令立即处死文天祥。

次日，文天祥被押解到柴市口刑场。监斩官问："丞相还有甚么话要说？回奏还能免死。"文天祥喝道："死就死，还有甚么可说的？"他问监斩官："哪边是南方？"有人给他指了方向，文天祥向南方跪拜，说："我的事情完结了，心中无愧了！"于是引颈就刑，从容就义。死后在他的带中发现一首诗："孔曰成仁，孟曰取义，唯其义尽，所以仁至。读圣贤书，所学何事？而今而后，庶几无愧。"文天祥死时年仅四十七岁。

（四）钱学森归国

钱学森是在 1935 年 8 月作为一名公费留学生赴美国学习和研究航空工程和空气动力学的，经过十多年的努力奋斗，他成了当时世界一流的火箭专家。在"二战"期间，他与其导师冯·卡门参与了当时美国绝密的"曼哈顿工程"——导弹核武器的研制开发工程，是美国屈指可数的杰出人才。他曾担任过加利福尼亚理工学院超音速实验室主任和古根罕喷气推进研究中心主任。

1949 年 10 月 1 日五星红旗在天安门广场上空升起，新中国成立了。过了 5 天就是我国的传统节日——中秋节，这一天，钱学森夫妇和十几位中国留学生在一起欢度佳节，他们边赏月边倾诉情怀，深为祖国的新生而欢欣，并对祖国的美好前景充满着憧憬。就在此时，钱学森心中萌发了一

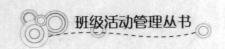
个强烈的愿望：早日回归祖国，用自己的专长为国家建设服务。

不久，美国在朝鲜发动战争，在国内也利用反动的麦卡锡法，掀起一股驱使雇员效忠美国政府的反共逆流，这股逆流也波及到了加利福尼亚理工学院。由于学院马列主义小组书记威因鲍姆被捕，美国联邦调查局的怀疑落到钱学森的身上。1950年7月，美国政府决定取消钱学森参加机密研究的资格，理由是他与威因鲍姆有朋友关系，并指控钱学森是美国共产党党员，非法入境。这些无端的指控均被钱学森一一驳回。但是，钱学森无法忍受这一切，决定以探亲为理由立即返回自己的祖国。他会见主管他研究工作的美国海军次长金布尔时，向金布尔严正声明他要立即动身回国。他说："我宁愿回中国老家去，也不愿在受人怀疑的情况下继续留居美国！"金布尔听后大为震惊，他认为钱学森无论放在哪里都抵得上五个师。还说："我宁可把他枪毙了，也不让这个家伙离开美国！"所以当钱学森一走出他的办公室，金布尔马上通知了移民局。

毫不知情的钱学森做好了回国的一切准备，办理好回国手续，买好从加拿大飞往香港的飞机票，把行李也交给搬运公司装运。然而，就在他们举家打算离开洛杉矶的前两天，也就是1950年8月23日午夜，他突然收到移民局的通知——不准全家离开美国。与此同时，美国海关扣留了钱学森的全部行李。这样，钱学森被迫回到了加利福尼亚理工学院。此后，联邦调查局派人监视他的全家和他的所有行动。

1950年9月6日，钱学森突然遭到联邦调查局的非法拘留，他被送到移民局看守所关押起来。在看守所，钱学森像罪犯似的受到种种折磨。钱学森曾回忆说："在被拘禁的15天内，体重就减轻30磅。晚上特务每隔1小时就来喊醒我一次，完全得不到休息，精神上陷入极度紧张的状态。"钱学森无端被拘留后，加利福尼亚理工学院的师生和钱学森的老师冯·卡门以及一些美国友好人士，向移民局提出强烈抗议，为他找辩护律师，还募集1.5万美元保释金把钱学森保释了出来。此后，钱学森继续受到移民局的迫害，行动处处受到移民局的限制和联邦调查局特务的监视，不许他离开他所居住的洛杉矶，还定期查问他。钱学森就这样失去了5年的自由。

然而，钱学森挚爱祖国的赤子之心不仅没有消失，反而更加炽热。他

主题班会活动设计·道德教育卷

日夜思念着新中国，他坚持斗争，不断地向移民局提出回国的要求。

此时，有国不能归的钱学森，在这5年间并没有停止他献身的科学事业。由于美国政府阻止他离开美国的理由之一，是因为他研究的火箭技术与国防有关。当钱学森知道这一点后，就另行选择"工程控制论"作为研究方向，以利于消除回国的障碍。实际上，工程控制论与生产自动化、电子计算机的研制和运用等国防建设课题都密切相关，只不过当时美国当局没有认识到这点罢了。

钱学森返回祖国的斗争，得到祖国的关怀和支持。钱学森在美国受到迫害和诬陷的消息使国人震惊了，国内科学界的人士纷纷通过各种途径声援钱学森。党中央对钱学森在美国的处境也极为关注，中国政府公开发表声明，谴责美国政府在违背本人意愿的情况下监禁钱学森。

正当钱学森要求回国的意愿遭到美国的无理阻拦时，中国也扣留着一批美国人。其中有违反中国法律而被中国政府拘禁的美国侨民，也有侵犯中国领空而被中国政府拘禁的美国军事人员。

1954年4月26日印度支那国际会议期间，中国代表团秘书长王炳南与美国代表团负责人亚·约翰逊分别代表两国政府开始关于平民回国问题的接触。在接触中，王炳南特别指出，美国正在阻挠许多旅居美国的中国人返回中国，其中包括科学家钱学森。1954年4月，美、英、法、中、苏五国在日内瓦召开讨论和解决朝鲜问题与恢复印度支那和平问题的国际会议。出席会议的中国代表团团长周恩来指示说，美国人既然请英国外交官与我们疏通关系，我们就应该抓住这个机会开辟新的接触渠道。谈判中首先要联系中国留美科学家钱学森等被扣留的问题。为了掌握主动权，周恩来指示中国代表团发言人黄华发表谈话，要求美国政府归还扣留的中国侨民和留学生，并且暗示中国愿意就扣押美方人员问题与美国直接谈判。在这样的情况下，美国政府只得同意与中国代表进行直接谈判。

经过周恩来的批准，中国代表团秘书长王炳南于6月5日开始与美国代表、副国务卿约翰逊就两国侨民问题进行初步商谈。美方向中方提交了一份美国在华侨民和被中国拘禁的一些美国军事人员名单，要求中国给他们回国的机会。为了表示诚意，周恩来指示王炳南，在6月15日举行的中

八、爱国篇

美第三次会谈中大度地作出让步，同时也要求美国停止扣留钱学森等中国留美人员。然而，中方的这一正当要求被美方无理拒绝。7月21日，日内瓦会议闭幕，为了不使沟通渠道中断，周恩来指示王炳南与美方商定：自7月22日起，在日内瓦进行领事级会谈。中国政府为进一步表达与美方会谈的诚意，决定先释放四名被扣押的美国飞行员。中国作出高姿态，最终是为了争取钱学森等留美科学家尽快回国。可是在这个关键问题上，美国人却要赖了。美国代表约翰逊以中国拿不出钱学森要求回国的真实理由为由，不肯答应释放钱学森回国。

正当周恩来总理为此焦急万分时，时任全国人大常委会副委员长的陈叔通收到了一封从大洋彼岸辗转寄来的信，信中的署名就是"钱学森"。原来钱学森为了摆脱特务的监视，把信写在了一张小香烟纸上，夹在寄给比利时亲戚的家书中，后辗转带给了陈叔通。信中钱学森请求祖国帮助他回国。陈叔通将信亲手交给了周恩来。周恩来阅后大喜："这真是太好了，据此完全可以驳倒美国政府的谎言！"他当即做出周密部署，令外交部火速把信转交给正在日内瓦谈判的王炳南，并指示："这封信很有价值。这是一个铁证，美国当局至今仍在阻挠中国平民归国，你要在谈判中用这封信揭穿他们的谎言。"

王炳南遵照周恩来的指示，在8月1日中美大使级会谈一开始就率先发言。他对约翰逊说："大使先生，在我们开始讨论之前，我奉命通知你下述消息：中国政府在7月31日按照中国的法律程序，决定提前释放阿诺德等11名美国飞行员。他们已于7月31日离开北京，估计8月4日即可到达香港。我希望中国政府所采取的这个措施能对我们的会谈起到积极的影响。"可约翰逊还是老调重弹——"没有证据表明钱学森要回国，美国政府不能强迫命令"。王炳南于是亮出了钱学森给陈叔通的信件，理直气壮地给约翰逊正面驳斥："既然美国政府早在1955年4月间就公开发表公告，允许留美学者来去自由，为什么中国科学家钱学森博士在6月间写信给中国政府请求帮助呢？显然，中国学者要求回国依然受到阻挠。"在事实面前，约翰逊哑口无言。美国政府不得不批准钱学森回国的要求。1955年8月4日，钱学森接到了美国移民局允许他回国的通知。

1955 年 9 月 17 日，钱学森携妻子蒋英和一双幼小的儿女登上了"克利夫兰总统号"，踏上了回国的旅途。1955 年 10 月 8 日从美国回到广州时，钱学森对接待他的中国旅行社同志所说的一句万分感慨的话："我一直相信：我一定能够回到祖国的，今天，我终于回来了！"

爱国主题设计案例

（一）"祖国在我心中"主题班会

班会准备

1. 准备发言稿，朗诵，合唱，快板等
2. 选出表演者，组织节目排练

班会过程

男：今天是你的生日，我的祖国；

女：今天是你的盛典，我的祖国。

男：滔滔江河水，奔腾着浩浩中华魂，

女：巍巍昆仑山，耸立着凛凛赤子心。

男：金风送爽，万里河山披锦绣，

女：丹桂飘香，一轮明月寄深情。

男：今天，我们将在这里举行某班"祖国在我心中"主题班会。

女：现在我宣布，某班"讲英雄，爱祖国！"主题班会现在开始。

男：下面，让我们来看一看徐老师找到的一些关于我们家乡新旧变化的图片。（老师用家乡老照片与新照片的对比，用问答的形式让学生们感

八、爱国篇

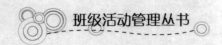

受到时代的变迁、生活的变化)

看完之后，同学们有什么感受？

A. 我们的爷爷奶奶过着很艰苦的生活，我们现在生活很好。

B. 我们今天美好的生活是来之不易的，我们应该好好珍惜。

C. 我想肯定有许多的英雄用他们的鲜血才换来今天美好的生活！

男：清晨，当太阳刚刚从东方升起的时候，伴着雄壮的国歌，在北京天安门广场，五星红旗冉冉升起。祖国大地上处处有高高飘扬的五星红旗，共和国的五星红旗为什么这样红？

（全班齐答）烈士的鲜血染红了它。没有千百万革命先烈流血牺牲，就没有今天的新中国，没有千百万革命先烈流血牺牲，就没有今天幸福的生活。请欣赏李丹带来的故事表演《倔强的小红军》。

李丹表演《倔强的小红军》（略）

女：他的脸上含着微笑，他的血染红了蓝的天。秋风吹遍了每个村庄，他把这动人的故事传扬。每一个村庄都含着眼泪，歌唱着——（全班齐说：二小放牛郎）

男：让我们一起用歌声来悼念这位革命小英雄——放牛郎王二小吧。

合唱《歌唱二小放牛郎》（略）

男：红领巾，一个充满朝气与活力的名字，为我成长指航向。

女：少先队，一个令我们骄傲与自豪的名字，为我人生树榜样。

男：亲爱的同学们，你们可知道，

女：红领巾是国旗的一角，是烈士鲜血染红的。

男：啊，红领巾，是先烈传给我们的火炬，光华四射，永远不熄。

女：老师们，放心吧，我们决不辜负胸前飘扬的红领巾。下面请欣赏我们童苗苗的诗朗诵《我爱我的红领巾》

童苗苗诗朗诵《我爱我的红领巾》（略）

男：祖国在复兴，

女：祖国在飞腾，

男：作为祖国妈妈的儿女，我们无不欢欣鼓舞。

女：春风吹绿了神州大地，

男：春雨滋润了华夏故园，

女：祖国妈妈走进了万象更新的年代。

男：请听快板《祖国赞》。

快板《祖国赞》（略）

男：一个个故事，说不完我们的思念；一首首赞歌，说不完我们的崇敬。是英烈们用美好的青春，用闪光的年华，迎来了春天，迎来了光明。回望祖国发展的六十年，已经发生了翻天覆地的变化，我们有了现在美好的生活。请欣赏诗朗诵《祖国六十年的变化》。

男女激情朗诵《祖国六十年的变化》（略）

男：感受着祖国六十年的变化，同学们，你们有什么感受？

A 学生：我的祖国，是雄伟的泰山长城；

B 学生：我的祖国，是浩荡的黄河长江；

C 学生：我的祖国，是优雅的唐诗宋词；

D 学生：我的祖国，是迷人的楷书狂草……

E 学生：我的祖国，是鲜艳的五星红旗！！

F 学生：流泪的时候，是祖国给我们坚实的依靠。

G 学生：受伤的时候，是祖国给我们栖息的家园。

男：伟大的祖国啊，我们为你而骄傲；

女：富强的祖国啊，我们为你而自豪！

齐：昨天，先烈们以生命陪祖国一同走过霜寒的日子，今天，我们以汗水和祖国一同迎来辉煌的明天！

男女：让我们一起歌唱祖国。（放音乐）

男：走过耕耘的日子，走进收获的季节；

女：走过昨天的坎坷，走向明天的希望，

男：改革的强音，在陇原大地上泛起层层涟漪，

八、爱国篇

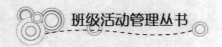

女：在亿万炎黄子孙的心中凝结一个主题：

合：祖国，你是我们伟大的母亲。

女：祝愿祖国生日吉祥！国泰民安！繁荣昌盛！

班主任总结

同学们，巍巍昆仑山曾塑造了中华儿女五千年的爱国脊梁，滔滔黄河水曾记载了中华儿女五千年的爱国历程。今年，是我们伟大祖国六十华诞，让我们重新挺直这铮铮脊梁，重新温故这绵绵历程，希望每个同学都能从中受到爱国主义教育，并把这种爱国主义精神当成一种财富来继承和发扬。

同学们，今天的班会活动开得非常成功，真正的爱国不是一堂主题班会所能完全体现出来的，真正的爱国更应该体现在平时的一点一滴中，没有对父母，对老师，对同学，对班级的爱，是不能谈及爱国的。同学们，请你们记住，无论到何时，我们都不能忘记自己是中国人；无论到何地，我们也不能忘记自己是炎黄子孙。你们正处在祖国繁荣昌盛、蒸蒸日上的好时机。你是否想过应为祖国做些什么？今天不急于要求同学们回答，我想最好的答案应深深地藏在你的心中，就看你们的实际行动吧！

（二）"用理性的方式表达爱国情感" 主题班会

班会准备

准备演讲稿，确认演讲人。

班会过程

主持人甲：近日来，面对某某集团分裂祖国的图谋，面对一些西方媒体歪曲事实的报道，面对分裂分子破坏奥运的行径，中国人民的爱国主义激情如海啸般迸发。

主持人乙：在国家利益受到威胁、民族尊严受到挑衅之时，任何一个中国人都不会无动于衷，都想充分表达自己爱国的热情。这种热情，是爱国主义最为具体的表现，也是一个国家和民族弥足珍贵的精神财富。但我们也要思考，爱国主义如何才更有力量？请听某同学的演讲。

演讲辞《用理性的方式表达爱国情感》

发生在这个春天的事件，深深伤害了中国人民的感情。这也再一次告诉我们，中华民族伟大复兴道路并不平坦。表达对祖国的热爱，回击世界上的反华势力，最根本的在于增强我们国家的实力。

爱国主义，我们要倍加珍惜，同时也应理性表达。只有这样，才能维护社会的稳定局面，才能赢得发展的契机，才能使祖国变得更美好，也才是真正的爱国。

爱国不需要理由，但理智表达爱国情感是一种对民族负责的态度，更是一种强大的精神力量。

在改革开放30年后，古老的中国日益焕发青春，进入了改革发展的关键期。我们正在走向强国之路，也在涵养大国心态。一个强大的国家不仅仅是经济上的强大，更包括精神力量的强大。这种力量，就包括从容地面对压力，理性地应对困难。

当前，我们正处在一个难得的战略机遇期。这个特殊时期既是机遇，更是挑战。怎样才能维护好国家的根本利益、核心利益，从而真正做到爱国，这就需要越是在国际形势复杂的时候，越是要显示出中国人的冷静、智慧和团结。让世界看见，今天的中国，正在有条不紊地发展自己，没有任何力量能阻挡和干扰。

"奥运举办之日，就是我中华腾飞之时！"一个世纪前，著名爱国教育

八、爱国篇

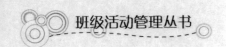

家张伯苓就这样预言。举办奥运，走向世界，由此推动中国的社会进步，不管经历怎样的阻挠和艰辛，我们依然坚定不移。每一个深深热爱祖国的中华儿女，都要以自己的行动支持奥运会，让奥运成为展示中国精神面貌和文明状态的契机，将一个更加出色的奥运会献给世界。

没有强大的国力，国家平等和尊严无从谈起。作为公民，我们有责任冷静理智地表达爱国热情，合法有序地表达爱国意愿，以做好本职工作和刻苦学习的实际行动，维护社会稳定的大局，维护一个有利于中国和平发展的环境。

从世界文明史来看，一个民族的复兴，是一个充满风险的过程，只有爱国主义能壮其声威、成其伟业。中国五千年历史，多少曲折，多少磨难，正是伟大的爱国主义让中华民族由孤弱变强大，自强不息，绝地奋起。我们深信，当亿万中国人将爱国热情化为强国行动，中华民族必将以更加昂扬的姿态屹立于世界民族之林。

主持人：爱国不需要理由，爱国需要行动。表达爱国热情要从我做起，从身边的小事做起。作为学生，我们该做些什么呢？

同学自由发言（略）

班主任总结

同学们，在这段非常时期，我们要坚持安排好自己的学习与工作，用我们的实际行动支持奥运。开好奥运，需要各方面的支持，我们搞好自己的学习，就能给奥运的顺利开展营造平安稳定的环境。

（三）"天下兴亡，匹夫有责"
主题班会

班会准备

1. 岳飞的诗词《满江红》
2. 国歌伴奏带

班会过程

主持人：爱国是中华民族的优良传统，自古以来，我国历史上出现了许许多多像岳飞一样的爱国人士，尤其是 1937 年卢沟桥事变后，我国处于日本帝国主义的侵略压迫之下，民不聊生，许多先辈不惜抛头颅，洒热血，艰苦抗战，才终于结束了那段屈辱的历史。经过了众多有志之士的多年奋战，才使我国傲立于世界民族之林，才有我们今天的幸福生活。我们要继承先辈遗志，从我做起，承担自己的责任和义务，以天下为己任，努力学习，把自己培养为德、智、体、美、劳等全面发展的优秀人才，将来为我国的社会主义建设贡献力量。下面请两位同学朗诵南宋爱国名将岳飞的诗词《满江红》。

诗词《满江红》

怒发冲冠，凭阑处、潇潇雨歇。

抬望眼，仰天长啸，壮怀激烈。

三十功名尘与土，八千里路云和月。

八、爱国篇

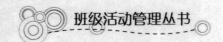

莫等闲，白了少年头，空悲切！

靖康耻，犹未雪；臣子恨，何时灭？

驾长车，踏破贺兰山缺？

壮志饥餐胡虏肉，笑谈渴饮匈奴血。

待从头，收拾旧山河，朝天阙！

主持人："天下兴亡，匹夫有责"。爱国是我们每一个人的责任与义务，我们每一个同学都应该对生养自己的这片国土怀着深深的热爱与感激之情。国家需要人才，需要建国的栋梁，国家需要每一个人的贡献，国家希望你学成长大为国效命。我们学习应该是为了我们的国家，不是为了自己，只有国家兴旺了、强盛了，个人才有前途，才有希望，将来同学们长大了，能为国效力，作出巨大贡献，这才是你的前途，这才是你最大的幸福。因为天下兴亡，是我们每一个人的责任。

爱国在不同的时代有不同的内容。上世纪初的青年爱国，是投身于反帝反封建的爱国浪潮中。三四十年代的青年爱国，是进行抗日救国的斗争。五十年代的青年爱国，是参加抗美援朝，保家卫国。现代的青年学生，正处在和平年代，祖国又正在日益强盛起来，我们该怎样表现我们的爱国热情呢？

我相信同学们都有一颗爱国心。但是，我在校园里、教室里，经常看到这样一些现象：地上有纸团、饮料盒，不知是谁扔的，也没有人捡起来；教室里的灯、风扇有时没人管；校园里看到同学们洗手时水龙头打开哗哗地冲，冲完了不关严就走了，水在滴滴地流也没有人管；教室、公区脏了，只要今天不是我值日，我就不管。只要不是我搞的，我就可以理直气壮地不管，看到这些现象与行为，我真的怀疑某些同学的爱国心。也许有同学会说，地上的废纸与爱国有关系吗？那么同学们认为怎样才算爱国呢？

自由发言

同学甲：爱国要培养良好的道德素质与行为。上述不该有的现象都是

174

谁的责任？是我们每个人的责任。因此，班级搞不好，是我们每个人的责任，我们每个人都应为此而深深自责。

国家不强盛，是谁的责任？也是我们每个人的责任，"天下兴亡，匹夫有责"的含义就在此。

同学乙："匹夫有责"的正确理解应该是"我有责任"，是"我的责任"，这样我们的国家才有希望。如果我们每位同学都这样想：班级搞不好，是我的责任；学校秩序不好，是我的责任；国家教育办不好，是我的责任；国家不强盛，是我的责任；人人都能主动负责，天下哪有不兴盛的国家，哪有不团结的团体。

同学丙：爱国要培养强烈的责任感。同学们可能还有一丝不服气，国家不强盛，怎么是我的责任？我还这么小。

是的，就算你们对过去没有责任，那么你们对国家的未来有没有责任？国家如果几十年以后仍然不强盛，你有没有责任？因为要承担起对未来的重任，现在就要学好本领，因此，读书不是为了自己，而是为了国家而求学问，你现在读好书，就是对未来负责。有的同学学习凭兴趣，喜欢这门课，就多花点时间看看，不喜欢那门课，就放弃；喜欢这个老师讲课，就有兴趣学好这门课，不喜欢那个老师讲课，就不听他讲课。读书是责任，不是兴趣，要在责任中找到兴趣，而不能以兴趣代替责任。

一个人做事，要先做自己应该要做的事，再做自己喜欢做的事，这就是责任。对自己负责，对他人负责，对集体负责，对国家民族负责，这才是真正的爱国。

同学丁：爱国要为国家为人民奉献出自己的一切。爱国，爱的涵义是什么？爱就是给予，就是奉献，而不是索取，也不是交换。爱国，就是为国家为人民奉献出自己的一切，包括作出各种各样的牺牲，这是一个人爱国的最高体现。只有对祖国人民怀有深厚感情的人，只有对国家的前途命运，社会的进步与发展具有强烈责任感的人，以天下为己任的人，才会为祖国为人民奉献自己的一切，而毫不计较个人的名利得失，毫不在乎自己所受的种种委屈和打击，一如既往，一往情深地奉献着自己的一切。

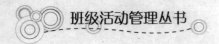

班主任总结

同学们刚才的发言都很精彩，很多同学都提到了，爱国要从我做起，以天下为己任。在现阶段，学生的主要任务是学习，我们要把强烈的爱国之情投入到学习中去，知识才是力量，没有科学文化，你何以谈报国？出了这道校墙，同学们要面对的是社会的纷繁复杂，这是我们单纯稚嫩的思想所必须接受的。只有在校园里学好知识，练好专业，才能在这场激烈的竞争中立于不败之地。正所谓：看世间风云变幻，谁主沉浮？

中国，这条东方巨龙已腾飞！"振兴中华"的伟大任务应由我们来承担，同学们，明天的太阳一定会由我们托起，让我们一起来努力，为祖国的明天而奋斗吧！

（同学们齐声唱国歌。）

主题班会活动设计·道德教育卷

（四）纪念抗日战争暨世界反法西斯战争胜利 60 周年主题班会

班会准备

1. 排练歌曲、诗朗诵、小品，准备所有需要的道具。
2. 录音机、地图等。
3. 课前孩子们自己收集抗战新闻。
4. 主持人导语。

班会过程

《龙的传人》歌曲

女：遥远的东方有一条江，它的名字叫长江；

男：遥远的东方有一条河，它的名字叫黄河；

女：古老的东方有一条龙，它的名字叫中国；

男：古老的东方有一群人，他们全都是龙的传人……

女：无论走多远，我们都不能忘记，我们是中国人。

男：无论到何时，我们都不能忘记，我们是炎黄子孙。

合：是龙的传人！

主持人说：我们都是"母亲"的孩子，大家同是华夏子孙。在这个世界上，我们最爱的是妈妈，最爱的是中国！请听诗歌朗诵《我爱中国》。

诗歌《我爱中国》

我站在中国地图前，仔细端详着，

啊！它多像一只昂首挺胸的五彩锦鸡。

它的冠子一摇，撒下无数玛瑙，那是黑龙江畔的高粱。

它的脊背一耸，飞起一条玉龙，那是万里长城在腾跃。

它的尾巴一抖，抖下无数珍珠，那是新疆的水晶葡萄。

它的肚子一挺，金灿灿，明晃晃，那是长江中下游的小麦和水稻。

它的两脚一迈，一股甜香扑鼻而来，那是海南椰林和台湾的蜜糖。

夜里，我做了一个美妙的梦，一只锦鸡落到了我床上。

它双翅一展驮着我飞向那蓝色的天堂！

主持人：为祖国奉献一切的献身精神是中华民族的爱国主义美德之一，在古代历史上曾涌现出许多著名的爱国者和民族英雄。请听故事《岳母刺字》。

故事《岳母刺字》（略）

主持人：你听后有什么想说的呢？

自由发言（略）

主持人：伙伴们，我们看过、听过许多机智勇敢的小英雄的故事，今天谁愿意来模仿表演小品《王二小》，让我们再次走进小英雄的身边？

评比优秀小英雄

八、爱国篇

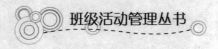
班主任总结

同学们，"你们一定要学习老一辈，赶上老一辈，超过老一辈！"今天班会开得有声有色。看到这只祖国大地的雄鸡，你想大声地说句什么？

（我爱你，祖国！）

真正的爱国不是一堂主题班会所能完全体现的，真正爱国更应该体现在平时的一点一滴中，没有对父母、对老师、对同学、对班级、对学校的爱，是不能谈及爱祖国的。

同学们，请你们记住，无论到何处，我们都不能忘记自己是中国人；无论到何时，我们都不能忘记自己是炎黄子孙。行动起来，共同描绘祖国美好的明天吧！